O Personagem na Psicoterapia

Articulações Psicodramáticas

Dados Internacionais de Catalogação na Publicação (CIP)
(Câmara Brasileira do Livro, SP, Brasil)

Calvente, Carlos F.
O personagem na psicoterapia : articulações psicodramáticas / Carlos F. Calvente — São Paulo : Ágora, 2002.

Bibliografia.
ISBN 85-7183-811-9

1. Narcisismo 2. Personagem (Psicanálise) 3. Psicodrama 4. Psicoterapeutas – Supervisão 5. Psicopatologia 6. Psicoterapia I. Título.

02-1687

CDD-616.891523
NLM-WM-430

Índice para catálogo sistemático:

1. Personagem na psicoterapia : Articulações psicodramáticas : Medicina 616.891523

Compre em lugar de fotocopiar.
Cada real que você dá por um livro recompensa seus autores
e os convida a produzir mais sobre o tema;
incentiva seus editores a encomendar, traduzir e publicar
outras obras sobre o assunto;
e paga aos livreiros por estocar e levar até você livros
para a sua informação e o seu entretenimento.
Cada real que você dá pela fotocópia não autorizada de um livro
financia o crime
e ajuda a matar a produção intelectual de seu país.

O Personagem na Psicoterapia
Articulações Psicodramáticas

Carlos F. Calvente

O PERSONAGEM NA PSICOTERAPIA
Articulações Psicodramáticas
Copyright © 2002 by Carlos F. Calvente
Direitos reservados por Summus Editorial

Tradução: **Moysés Aguiar**
             Gelse Beatriz Monteiro
Capa: **BVDA - Brasil Verde**
Editoração: **All Print**

EDITORA
ÁGORA

Departamento editorial:
Rua Itapicuru, 613 – 7º andar
05006-000 – São Paulo – SP
Fone: (11) 3872-3322
Fax: (11) 3872-7476
http://www.editoraagora.com.br
e-mail: agora@editoraagora.com.br

Atendimento ao consumidor:
Summus Editorial
Fone: (11) 3865-9890

Vendas por atacado:
Fone: (11) 3873-8638
Fax: (11) 3873-7085
e-mail: vendas@summus.com.br

Impresso no Brasil

Para aqueles que me incentivaram e sofreram, Renée, Paula, Victória, Sofia.

Sumário

Introdução 9

UMA FAIXA ETÁRIA ARTICULADORA
    1 Psicodrama com Púberes. 15

UM CONCEITO ARTICULADOR
    2 O Personagem na Psicoterapia Psicodramática. 25
    3 O Personagem: Uso e Utilidade na Psicoterapia
       Psicodramática e no Psicodrama 37
    4 Personagem, Papéis, Identificação, Articulação e
       Epistemologia. 47

ARTICULAÇÕES E NARCISISMO
    5 Psicodrama – Narcisismo – Criatividade. 67
    6 Narcisismo – Primeiro Universo 73

UM LUGAR ARTICULADOR: A SUPERVISÃO
    7 Supervisão em Grupo com Técnicas Dramáticas 85
    8 Grupos de Supervisão – Terapia do Papel 95
    9 Supervisão em Psicoterapia Psicodramática 103
    10 Supervisão para Supervisores 133

A FIGURA ARTICULADA
    11 Em Nome do Pai 145

ARTICULAÇÕES E PSICOPATOLOGIA
    12 Psicodrama e Transtornos do Caráter 161
    13 O Balcão dos Heróis – Reflexões sobre o lugar do Pai 181

Introdução

O sonho de publicar um livro de minha autoria me acompanha há muitos anos.

Meu papel de autor teve um início promissor, não muito tempo depois de formado – uns dez anos –, com alguns capítulos em uma obra coletiva coordenada e dirigida pelo dr. Dalmiro Bustos, *Psicodrama, distintas aplicaciones*, publicada em 1974, pela Editora Plus Ultra.

Participei, em seguida, de outras coletâneas: *Técnicas básicas do psicodrama* (Editora Brasiliense, 1993), coordenada por Regina Monteiro, em português, e *Psychotherapie Psychodramatisch*, organizada por Klaus Jensen, proposta desde 1995 porém publicada em 2001 pela Shaker Verlagen, em alemão.

Como qualquer outro, este sonho, para poder se concretizar, teve de viver seu luto. A ilusão inicial era uma obra sobre um tema clínico e com contribuições originais. Pessoalmente, não me atraem os livros que são uma coletânea de artigos e trabalhos de várias épocas, cujo eixo é o autor e seus interesses, e cuja unidade deve ser alcançada pelo leitor. Prefiro aqueles em que o autor trabalha um tema, desenvolve-o e apresenta suas contribuições.

A possibilidade de publicar algo diferente, como o que ora proponho, começou a fazer sentido a partir do que vinha escrevendo ultimamente, de onde quase sem me dar conta surgiu o tema: o "personagem" e sua aplicação ao trabalho clínico.

Mesmo não chegando a ser uma proposta que, ao menos por enquanto, seja suficiente para todo um livro, ela veio satisfazer algumas das idéias do sonho original.

Descobri, então, que o tema vem aparecendo em toda minha produção, escrita ou não, girando em torno da articulação e do conceito de "entre".

Assim, percebo que a possibilidade de encontrar uma integração onde parecia haver oposição constituiu uma preocupação e um interesse permanentes. Identifico isso, por exemplo, quando escolhi a psiquiatria em vez de outras especialidades que também me interessavam e cultivei antes de me formar. Uma vez dentro da psiquiatria, me atraíam a psicanálise e a psiquiatria clínica. Acabei escolhendo a psicoterapia.

Precisei também escolher entre adultos e crianças, tendo trabalhado muitos anos com ambos. Ao final, acabei aproveitando, no trabalho com adultos, recursos que usava com crianças, como o personagem.

Também existiu durante anos um embate entre psicodrama e psicanálise, como se evidencia em alguns capítulos. Sentia que não queria abrir mão de nenhum dos dois, precisando encontrar uma articulação que aproveitasse ambos, sem neutralizá-los.

Atraiu-me a supervisão, com a qual trabalhei muito, nela encontrando um lugar de articulação entre o conceitual e o técnico.

Assim, este acabou sendo o tema que dá conta e justifica, pelo menos para mim, esta publicação. Resisti à alternativa "um ou outro". Não é um lugar tranqüilo, nem tampouco fácil, mas é o que mais tem a ver comigo. No final das contas, a pessoa começa fazendo o que é e acaba sendo o que faz. Agora, depois de trinta anos na área, sinto que sou o que faço. Talvez nem psicanalista nem psicodramista (se é que esses termos querem dizer algo), mas o que geralmente chamamos de psicoterapeuta psicodramático.

Curiosamente, vencidos os rigores do positivismo, do existencialismo, do estruturalismo, posso sentir-me acompanhado no que tem surgido como os novos paradigmas, os lugares "entre", que acabam sendo um novo lugar, com sua epistemologia própria.

O selecionar e decidir como apresentar o material trouxe-me a imagem de uma retrospectiva, essas exposições que se organizam mostrando a trajetória de um artista.

Embora eu não seja um artista, nem isto seja uma exposição, tem o sentido de mostrar produções de diferentes épocas e o fazê-lo me permitiu descobrir o fio condutor. Um critério possível era seguir uma seqüência cronológica; outro, agrupar tematicamente. A organização final permitiu atender a ambos. Apresento primeiro o texto mais antigo dos que compõem esta publicação, ainda que não seja o primeiro que escrevi. É um trabalho a respeito de uma fase que poderíamos chamar de articuladora, como a puberdade. Apresentado em Curitiba (Paraná), no ano de 1977, nunca foi publicado; creio, porém, que esteja nos arquivos do congresso no qual foi exposto. Incluo esse texto porque tem valor afetivo e porque acredito que alguns conceitos ainda são atuais. Além disso, pertence a uma época em que não havia muita bibliografia sobre esse tema.

Na seqüência, sigo o critério temático, incluindo escritos mais recentes, os três capítulos sobre personagem, que ajudam a deixar mais redonda uma forma de trabalho.

Seguem dois capítulos sobre narcisismo, tema que me ajudou a organizar-me conceitualmente. Um deles foi publicado na revista *Forum*, da International Association of Group Psychotherapy (IAGP).

Na continuação, vêm os artigos sobre supervisão, em ordem cronológica, incluindo a monografia, inédita, que escrevi para obter o título de professor supervisor em psicodrama.

Depois, dois trabalhos sobre o que eu classificaria como psicopatologia: um, "O balcão dos heróis", publicado na revista da Febrap, e o outro, "A caracteropatia e as técnicas dramáticas", publicado na Alemanha.

Finalmente, o roteiro de dois cursos, um sobre supervisão e outro sobre a figura do pai – o primeiro de 1990 e o segundo de 1998 –, que sintetizam as elaborações sobre ambos os temas.

A decisão de repassar e organizar esta publicação resultou nostálgica, como diz o tango, mas curiosamente, muito estimulante ao mesmo tempo.

La Plata, abril de 2001.

Uma Faixa Etária Articuladora

1

Psicodrama com Púberes[1]

Há, entre nós, na Argentina, uma expressão para designar o começo da adolescência: "idade do peru".
Eu nunca soube exatamente o que isso quer dizer. É uma das expressões que todo o mundo conhece, embora cada um à sua maneira. Pus-me a refletir sobre o porquê dela quando comecei a preparar este trabalho.
Os perus, ao menos em sua versão doméstica, são animais lentos, bobos e sem graça. A pele da cabeça parece que está sobrando e tem a aparência toda encrespada de granulações. Durante a corte, a fêmea infla as penas de maneira exuberante, fica vermelha e congestionada, emite sons guturais dissonantes.
Comparando, os púberes apresentam algumas dessas características. A partir dos dez ou onze anos, os meninos vivem rápidas mudanças, principalmente na parte corporal, que os desorganiza e os torna pesados e desajeitados. Como internamente não mudam tão depressa, sentem-se pequenos, têm comportamentos inadequados e parecem bobos ou distraídos.
A pele do rosto apresenta a acne juvenil com seus "grânulos". Mudam a voz, e por isso vivem uma fase em que

---

1. Trabalho apresentado no XIII Congresso Nacional de Neurologia Psiquiátrica e Higiene Mental, outubro de 1977, Curitiba, Paraná, Brasil.

ela é dissonante; ruborizam-se com facilidade, por temor ao ridículo, o que em geral os torna inibidos e pouco sociais.

Claro que tudo isso diz respeito aos aspectos menos interessantes da puberdade, aqueles pelos quais os púberes sofrem.

Paralelamente, haveria que chamá-la também de "idade do cachorrinho", com todo o entusiasmo brincalhão, a alegria do crescimento e o desejo de colocar-se à prova.

Creio que tudo isso define a puberdade e a adolescência: constantes avanços e retrocessos, entusiasmos e medos.

A mudança do corpo e da imagem corporal é a maior preocupação do púbere e daí deriva a maior parte de seus conflitos. Da perspectiva dos adultos, em especial dos pais, isso nem sempre é levado na devida conta, e os motivos de consulta em geral têm a ver com problemas de rendimento escolar, que é onde se refletem.

Quero, então, agora, apresentar-lhes um desses "perus".

Vou chamá-lo de Daniel. Tem doze anos e meio, é grande para sua idade. Impressiona nele o contraste entre seu corpo e seu comportamento. Quando caminha, parece que o mundo se tornou pequeno, choca-se com tudo. Antes das sessões, enquanto espera, consome quantidades industriais de caramelos.

Os pais de Daniel vieram falar comigo faz um tempo, para incluí-lo num grupo, encaminhados por uma terapeuta que tratava dele individualmente. A queixa inicial tinha sido episódios de encoprese de origem emocional e baixo rendimento escolar; era distraído e fechado, batia na cabeça antes de dormir e não se dava bem com seus irmãos; tinha uma irmã dois anos mais velha que ele e um irmão um ano e meio mais novo.

Seus pais se haviam separado quando Daniel tinha pouco menos de três anos. A mãe, com quem Daniel vivia, casou-se novamente com um parceiro que se dedicava muito aos meninos e era bem aceito pelos irmãos, mas rejeitado por Daniel. Via o pai muito irregularmente.

Entrou num grupo de psicodrama com mais três garotos, de idade equivalente à sua; participou por pouco mais de um ano, até que o grupo terminou em razão da alta de dois de seus integrantes. Daniel passou então, por vontade própria, ao psicodrama individual, já que a encoprese, embora mais espaçada, não havia desaparecido.

Tem uma sessão semanal de uma hora. Trabalhamos com uma psicóloga na função de ego-auxiliar.

No início desta sessão, peço-lhe que conte uma história para ser representada. Pensa um instante e diz:

"Havia um país muito pequeno, formado por uma só pessoa, mas que tinha várias construções. Na ocasião, estavam em guerra a Rússia e os Estados Unidos, e como a Rússia, que era maior, estava ganhando, essa pessoa entrava e punha explosivos na Rússia e fazia com que os Estados Unidos ganhassem. Depois, estavam em guerra França e Alemanha, e como a Alemanha estava ganhando, entrava nela e colocava explosivos, fazendo a França, que era menor, ganhar. Depois, lutavam França e Estados Unidos. E fazia ganhar o menor, que era a França. Sempre fazia o menor ganhar."

Nesse ponto, indago o motivo pelo qual o homem fazia isso. Responde que queria ajudar aos mais fracos. Depois, as pessoas dos países pequenos iam para esse país onde ele vivia sozinho e o transformavam num país grande.

Peço-lhe que atribua os papéis. Escolhe ser o homem que vive só e a auxiliar e eu vamos ser, alternativamente, países grandes e países pequenos.

Começamos a dramatização depois de situar o lugar de cada país. Lutamos entre nós; Daniel se aproxima, coloca os explosivos e escapa.

Eu (que estou no papel do país pequeno que acabou de vencer um país grande, ajudado por ele) me aproximo para agradecer-lhe: Obrigado, você nos ajudou. Mas como conseguiu vencer esse país que era tão poderoso, você sozinho?

Daniel (no papel do homem só): É que tenho uma técnica especial de colocar explosivos; faço um túnel e por um mecanismo os faço explodir quando saem na terra.

País pequeno: De que são feitos os explosivos? Eu senti um cheiro estranho...
Homem só: São de dinamite, eu mesmo os preparo.
País pequeno: Devem ter algo mais, porque havia um cheiro... Quer vir viver conosco, em nosso país, agora que nos fez ganhar?
Homem só: Não, eu tenho meu país.
País pequeno: É muito grande?
Homem só: Não, sou só eu.

Continuamos a dramatização. Agora faço o papel de país grande. Enquanto lutamos, converso com a auxiliar (país pequeno), dizendo que nós passamos o tempo lutando e que alguém quer ficar com nossas coisas.
Daniel entra novamente e coloca explosivos.

Eu (no papel de país grande penso alto, enquanto sou destruído pelas explosões): Que cheiro mais estranho!... Essas explosões deixam cheiro de cocô. (Observo que Daniel me escuta com atenção.)

Depois das lutas entre os países, Daniel nos convida a viver em seu país, que agora não é nem grande nem pequeno, é um país médio.
Termina a dramatização e fazemos comentários sobre como nos sentimos; falamos da debilidade do homem só e faço referência à encoprese como expressão de fantasias destrutivas, habilmente camufladas, mas ao preço da solidão e do medo de crescer, que ele tem de pagar. Depois dessa dramatização, faz vários meses, não voltou a ter episódios de encoprese.
É interessante como Daniel se representa a si mesmo e a sua relação com o meio. Habitualmente dava a impressão de que vivia num mundo à parte, que chama de país onde vive uma só pessoa; dessa forma, parecia ilhado e distraído, o que o tornava objeto de gracejos dos demais. Em sua fan-

tasia se vingava, destruindo-os com suas fezes e manipulando-os de acordo com sua vontade.

Mostra também como vive a relação entre o mundo dos países grandes (adultos-pais) e os países pequenos (ele-pequeno), em grande conflito nesse momento de sua vida, com seu medo de crescer. Podemos pensar também que se trata de conflito entre seus próprios aspectos de pequeno e de grande, e que por enquanto tem de situar-se entre os médios, uma vez que, na realidade, já não é mais pequeno e ainda não é grande.

Claro que nem sempre os púberes estão dispostos a contar histórias e, em geral, lhes custa muito expressar-se. As modificações que vivem os tornam inseguros e desconfiados, com mudanças rápidas e maciças na relação. Por isso, disponho também de outros meios para facilitar-lhes a expressão, como material de desenho e modelagem, algum jogo ou almofadas, e a partir daí montamos uma cena.

Foi o que aconteceu com Federico, de 13 anos, que modelou com argila um carro de modelo antigo, no qual foi trocando peças até convertê-lo num poderoso modelo esportivo, conservando somente o chassis. Em psicodrama individual também trabalhamos com uma auxiliar. Uma vez modelado o carro, pedimos que ele fizesse o papel do carro, e assim foi ajustando as partes que ia mudando na medida em que as experimentava, em sucessivas dramatizações.

Aquelas coisas de "peru", a que me referi, não são mais que o tempo necessário para irem ajustando as novas peças ou aquisições, como fazia Federico, para adaptá-las ao chassis velho, que é o corpo infantil e os pais infantis.

Para o terapeuta, o perigo é que, em razão da ansiedade, se torne exigente como os pais e acabe rejeitando, por aborrecimento ou impaciência. Isso se complica porque a forma mais freqüente de rivalizarem com o adulto-terapeuta é a passividade e o silêncio, com os quais muitas vezes põem à prova nossa capacidade e nossas possibilidades. Daí que, se suas dificuldades são muito graves, é melhor colocá-los num grupo onde se sintam mais protegidos por seus semelhantes. Nesse caso, é importante que haja um equilíbrio, no grupo, entre facilitadores e inibidores, no dizer de Slavson.

No grupo podemos trabalhar suas formas de relação e seus conflitos individuais. Num grupo de três integrantes, em que trabalhamos com uma auxiliar, Pedro comenta que na próxima semana não vai participar, porque no dia da terapia completará catorze anos. Conversamos sobre isso e lhe perguntamos o que pensa fazer e o que quer de presente. Mostra-se vago e indeciso. Finalmente, diz que quer ganhar uma roupa boa, diferente da que lhe compram sempre, que depois não pode usar porque lhe cai mal. Ante nossas indagações, diz que o pai conhece os vendedores e acaba comprando coisas baratas e feias.

Nessa sessão há somente dois integrantes. Pedimos a Pedro que represente como é quando lhe compram roupa; ele resiste, dizendo sentir-se cansado. Propomos, então, que nós os terapeutas dramatizemos com o outro integrante, que aceita e pede que ele dê mais detalhes. Pedro diz que dessa forma, sim, aceita. Atribui a mim o papel de Pedro; Roberto, seu companheiro, vai fazer o vendedor, e a auxiliar, o papel do pai. Como Pedro mencionou o nome da loja onde compram roupa, localizamos ali a cena. Começamos a dramatização. Peço-lhe que me diga o que tenho de fazer no papel dele e tento uma troca de papéis, que não aceita. Diz: "Não faça nada, ou então faça como quiser".

Dessa forma, eu, como Pedro, mantenho uma atitude passiva e distante e, por iniciativa do vendedor e do pai, acabo levando umas calças horríveis e um paletó que me serve. No entanto, Pedro, fora da cena, sorri e prende a cabeça, mas pode-se observar que ele está comovido. Terminada a dramatização, tomamos uns minutos para comentários. Cada um diz como se sentiu. Pedro comenta que ficou "nervoso" porque nós exageramos. Eu lhe mostro que tanto aqui como quando lhe compram roupa, ele poderia intervir e modificar a situação, mas não o fez, ficou chupando o dedo (um dos motivos de consulta era a sucção do polegar) e, dessa maneira, terminamos fazendo a dramatização como nós queríamos e não como ele pensava que devia ser. Pedro assente, dando mostras de ter entendido.

Para terminar, quero referir-me a outro aspecto importante da terapia desses pacientes: o meio, mais concretamente, a relação com a família.

Em nosso referencial, na psicoterapia psicodramática, assim como na grande maioria das psicoterapias da atualidade, levamos muito em conta o aspecto sociométrico ou vincular, e nessa idade, da mesma forma como nas crianças, com maior razão.

Há um tempo, sempre que possível, tenho ao menos algumas entrevistas com toda a família para completar o estudo. Digo "sempre que possível", porque às vezes há resistências muito fortes em virtude de conflitos entre os pais, ou porque estão separados e não aceitam participar, o que também já é significativo, do ponto de vista diagnóstico.

Faço essas entrevistas depois de ter visto o pai ou os pais e o menino, quando já tenho uma idéia da problemática individual.

Com as entrevistas familiares tento ter uma idéia da sociometria da família. Procuro ver a situação dos demais integrantes com relação ao membro motivo de consulta. Que papel está representando o conflito em relação aos demais? Que importância tem para o paciente em função dos outros e para os demais em relação a ele?

Nas entrevistas, minha atitude é a de observador participante. Como meu interesse é fundamentalmente diagnóstico, dou minhas conclusões em termos de observações e sugestões, propondo alguma mudança de comportamento, dando orientação e, se julgo necessário, indicando tratamento para a família ou para o casal. Não faço mais que duas a quatro entrevistas, a fim de não mobilizar em demasia ansiedades que não vou resolver (sugestões dadas por Lic. Maria Rosa Glasserman, durante supervisão). Na primeira entrevista, a dinâmica é verbal, quando todos são suficientemente grandes, cada um dizendo o que pensa e como vê os demais, em particular o futuro paciente. Nas entrevistas seguintes, proponho alguma tarefa para ser realizada em conjunto, como desenhar, construir algo, como material de tipo didático, ou a encenação de uma atividade familiar em que todos estejam presentes.

Mediante essas poucas coisas posso conhecer muito do clima em que vive aquele que vai ser meu paciente (a matriz de identidade). Posso construir minha própria imagem de cada um dos integrantes, para confrontá-la com a que depois ele vai transmitir-me. Ao mesmo tempo, o restante da família pode ter uma idéia mais real do terapeuta e da terapia, o que contribui para desmitificá-los e prepara um campo mais relaxado para o paciente. Permite, além disso, incorporar de maneira mais ativa o outro progenitor, porque do contrário costuma ser um, geralmente a mãe, quem consulta e mantém a relação.

Assim, penso que quanto menos recortamos o púbere ou o adolescente de seu meio, mais entendemos seus tropeços e suas dificuldades e em melhores condições estamos para ajudá-lo.

Um Conceito Articulador

2

O Personagem na Psicoterapia Psicodramática

Comecei minha prática clínica como psicoterapeuta infantil, dentro do referencial kleiniano, que inclui a caixa de brinquedos como um facilitador da relação e da expressão do mundo interno, povoado de fantasias e personagens fantásticos.

Desde então o "personagem" tem estado presente em minha prática. Em especial, ao passar gradativamente da clínica kleiniana, com a caixa, para o psicodrama.

Já no universo kleiniano de objetos simbólicos-símbolos-equações simbólicas e objetos que representavam fantasias e afetos, começavam a aparecer personagens, que se instalaram definitivamente quando passei a trabalhar com psicodrama, praticamente prescindindo da caixa, que ia sendo relegada e substituída por histórias e personagens.

Talvez o primeiro personagem que representei tenha sido o terapeuta, porque tinha de fazer o papel de terapeuta, como se o fosse. Naquele momento não sabia que me faltava tanto, como agora. Foram-me ajudando em sua construção o He-Man, o do poder de Graysk II (para as novas gerações: era um personagem de desenho animado infantil ou "cartoon", como dizemos agora); o Incrível Hulk (o homem verde), também o Homem Aranha, os Titãs no Ringue. Passei, com certeza, pelo aluno vitimizado pela professora bruxa, o cachorro mascote e tantos outros que se foram instalando para ajudar-me a trabalhar do modo como o faço hoje.

A partir do trabalho *El Personaje-Roles-Identificaciones*, foi ficando evidente a presença, em meu trabalho e em meu pensamento, do conceito de personagem. Esta é uma tentativa de definição, delimitação e aplicação do conceito. Como disse, personagem é um conceito de aplicação cotidiana em minha prática clínica. Ao mesmo tempo, encontramo-lo na literatura, no teatro, nos meios de comunicação.

Essa versatilidade poderia ser explicada, entendendo-se o personagem como uma metáfora e, desse modo, passível de ser atravessada por vários sentidos. (L. Contro)

Ajuda-me também a definição de Pirandello: os personagens "são a representação de uma verdade conceitual, nascida não da natureza, mas da imaginação, que é a verdadeira realidade e coincide com a vida". Há aqui um dado interessante: o personagem não nasce da natureza e sim, da imaginação. Sua origem é a subjetividade.

Também Pirandello, poeticamente, nos diz que tem a seu serviço há muito tempo um funcionário que o ajuda em seu trabalho de criador: a fantasia. Ela gera e alimenta o personagem, que depois se independentiza e cobra vida própria. O personagem ligado a contextos diversos assume características especiais, segundo cada um deles, mesmo que, seguramente, haja elementos comuns. Aqui me ocupo do que me interessa em psicoterapia psicodramática.

O personagem está ligado à fantasia e à imaginação, e também ao ambiente.

Suspeito que seja um híbrido, um produto transicional, um mestiço. Contém aspectos inconscientes e conscientes, como a fantasia, da qual se alimenta. Diferentemente dela, porém, integra aspectos relacionais.

Em termos topológicos, ocupa um lugar intermediário entre a elementaridade do papel, ou identificação, e a complexidade da identidade. Com relação a essa última, a identidade, pode acontecer, em casos especiais, como refere Moreno em relação a Buda e Cristo, que o personagem seja tão importante que inclua o restante, a pessoa privada. Isso acontece também na patologia, por exemplo, nos transtornos do caráter, em que um personagem rígido aparece na maioria dos vínculos, deixando muito pouco espaço para a espontaneidade.

Entretanto, além dessas situações especiais há muitas funções, como veremos a seguir.

Nessa tentativa de definição e delimitação, a partir da perspectiva psicológica, penso também na máscara, com a qual o personagem guarda uma origem comum, já que deriva de *persona* que é a máscara usada pelos atores. Uma digressão: *persona-máscara* teria origem no verbo *personare, retener*.[1] Embora etimologicamente tenham uma origem comum, psicologicamente diferem. A máscara, muito estudada e aproveitada por Buchbinder e outros autores, aponta para finalidades diferentes, apesar de poder canalizar conteúdos psicológicos similares.

Pela perspectiva que estou tentando definir, percebo que o conceito não é facilmente apreensível. Acarreta a dificuldade do óbvio. Aparentemente todos sabemos do que falamos quando dizemos personagem, mas apresenta tantos sentidos que facilmente se evapora ou se confunde. Por exemplo: que relação tem com os papéis? Não me atreveria a definir personagem como a menor unidade de comportamento, como Moreno define papel. É algo mais complexo: um mesmo personagem aparece representando papéis diferentes, mas com uma coerência e uma lógica próprias do personagem. Essa lógica e coerência fazem o personagem mais ou menos convincente. Diria então que o personagem é mais estrutural que o papel. Também o papel tem a coerência e lógica que provêm dos "clusters", mas sua estru-

---

1. "Não tendo a máscara, que cobre por completo o rosto, mais que uma abertura no lugar da boca, a voz, em vez de espalhar-se em todas as direções, se estreita para escapar por uma só saída, e adquire som mais penetrante e forte. Assim, pois, porque a máscara faz a voz humana mais sonora e vibrante, foi-lhe dado o nome de persona, isto é, personare-retener." (Aulio Gelio, *Noches Aticas*) apud Cortázar, Rayuela, p. 452.

tura é mais elementar, está mais determinado pelo contrapapel, como conceito relacional que é, e está mais delimitado e dependente. O personagem aparece com mais autonomia, sua estrutura o torna mais independente, é animado por uma intencionalidade própria, por um roteiro.

Lembro de um paciente que, diante de situações difíceis de manejar, ou quando a angústia o ameaçava, em particular em sua relação com os demais, dizia: "não encontro o personagem". Imaginava-se a si mesmo como vivendo em um filme: quando encontrava o "personagem" se sentia dono da situação. Como havia encontrado o personagem, não se sentia exposto.

Fora do contexto teatral, personagem conota algo fictício, mentiroso, não autêntico. Veremos que não é assim, pois, da mesma forma que a máscara, mostra quando parece ocultar. *"O poder desmascarador da máscara"* era o nome de uma vivência que Mario Buchbinder coordenava. É o caso de meu paciente, cujo personagem, que ele encontrava e que o tranqüilizava, o colocava em evidência.

Na literatura e no teatro, o personagem tem algo de paradigmático, aquilo de "verdade conceitual representada". Pode ser, como diz Moreno, um modelo da existência, ou a síntese de angústias e emoções. Veremos que algo disso se conserva e aparece na relação terapêutica. Provisoriamente, definiria o personagem em psicoterapia como um modelo de relação.

No caso de R., meu paciente está tomado por um personagem: o que tem de encontrar o personagem. É o que deve ser colocado em evidência, vir à luz; é o que atua por detrás do pano.

Polissemia do conceito

O personagem é um conjunto de representações, com uma estrutura própria que lhe dá autonomia e produz efeitos especiais. Dizemos de alguém pitoresco, com certa originalidade e que com freqüência surpreende: é um personagem! Daquele com comportamentos audazes, que tenta surpreender com saídas de efeito, dizemos: que personagem! E isso no sentido positivo ou negativo. Podemos nos referir a alguém em termos admirativos e de respeito: um total personagem! Também há aquelas figuras da vida pública, na política e nas instituições, de quem dizemos: é um personagem nefasto! E falamos do "personagem sonhado" ou "personagem dos meus sonhos", como também dos "personagens de minha família".

Se todas essas expressões tomam emprestado da linguagem teatral seu sentido analógico, ganham uma funcionalidade que penso ser a que aproveitaremos no trabalho terapêutico.

Sustento que os personagens teatrais e os personagens da mente têm uma origem e uma função comuns. A diferença consiste em que o criador teatral consegue elaborar uma estrutura com sutilezas e essencialidades que, nos casos bem-sucedidos, lhe dão valor universal: nisso consiste a criação artística.

Os personagens da mente têm uma estrutura mais ou menos elaborada, mais ou menos imposta pela angústia e pelo contexto que lhe dá validade individual-privada mas igualmente criativa.

Funções do personagem

A função ou funções do personagem estão intimamente ligadas ao contexto, ao seu processo de formação e à sua origem.

A origem

Como foi dito anteriormente, ocupo-me aqui do personagem no psicodrama e na psicoterapia psicodramática.

A seção anterior tem uma finalidade didática, já que as funções em sua origem estão relacionadas ao contexto e ao processo de formação. A origem é a fantasia e a imaginação que, modeladas pelas relações, geram personagens mais ou menos expressivos e úteis, que permanecem ou vão sendo abandonados. Aparecem assim personagens recentes ou atuais e outros antiqüíssimos, que nos acompanham desde sempre, sem que possamos precisar-lhes a origem. Temos aqueles que se originam em circunstâncias difíceis ou ditosas e são buscados ou rejeitados, que proporcionam companhia e respaldo ou ameaçam.

Para exemplificar, lembro-me de uma jovem de 23 anos, filha única de pais separados, cuja mãe era muito manipuladora. Tinha dois amigos imaginários, um homem e uma mulher, com seus respectivos nomes e gostos, aos quais recorria para pedir conselho, para que lhe fizessem companhia e para discutir dificuldades. Esses amigos invisíveis remontavam à época da separação tumultuada de seus pais. Foram mais numerosos, mas reduziram-se a dois. Tenho presente quanta utilidade esses personagens tiveram em seu tratamento.

Como veremos a seguir, os personagens também se originam em identificações, mas por ora falo daqueles que têm origem em uma pessoa significativa e depois se convertem em personagens com vida própria. Lembro de uma paciente trazida para supervisão, com muitas inibições e insegurança em sua vida cotidiana, que se transformava em outra, um verdadeiro personagem, quando chegava ao aeroporto para sair de viagem. Falava com freqüência de suas primas, filhas de um tio diplomata, que viajava muito e a quem admirava. Curiosamente não relacionava sua mudança com esse tio.

Esse último nos apresenta a outro tipo de personagens, que são os mais significativos em nosso trabalho. Diferentemente dos anteriores, que estão à disposição de quem os gera, são os de origem mais obscura que nos apanham e se nos impõem. São os personagens (dos quais fala Joyce Mc Dougall em *Teatros de la Mente*), cujo roteiro foi escrito por terceiros e dos quais não temos consciência mas sofremos as conseqüências. Temos "o que se lamenta", "o que sempre se porta bem", "o que sempre se porta mal", "o que tem de ser a alegria e o entusiasmo". Não são papéis, não são o alegre ou o queixoso, são verdadeiros personagens que se evidenciam em diferentes papéis: no trabalho, entre amigos, na terapia, nos grupos. Estereótipos ancorados no caráter (curiosamente, caráter é a expressão inglesa para designar personagem). São a resposta velha às situações novas, racionalizadas no "eu sou assim".

A função, em sua origem, foi dar respostas a um vínculo ou vínculos que necessitavam desse personagem; naquele momento foi uma resposta criativa.

Assim, quanto à origem, postulo: há o personagem privado, originado na subjetividade, como o amigo invisível, o escritor. Há aquele que tem origem nos vínculos, por exemplo: o que sempre se queixa, o prematuro. E há o que se origina no coletivo social, nos grupos terapêuticos: "O homem em busca de sentido" (Frankl); "O homem imobilizado pela emoção" (L. Falivene).

O personagem quanto ao processo de formação

Com respeito ao processo de formação, quero aproveitar a proposta de Moreno a respeito dos papéis.

Assim, falo do *personagem assumido* (equivalente ao *role-taking*), com baixo nível de espontaneidade. É o que habita ou os que habitam no sujeito. É aquele meio elaborado e meio imposto. É o que defino como a resposta velha à situação nova. É o personagem racionalizado como "eu sou assim e vão ter que me aceitar".

Esses personagens têm uma função especialmente defensiva. Ocultam profundas feridas narcisistas, histórias de rejeições. Têm vivido a não-aceitação por parte de figuras significativas, em aspectos que sentem essenciais: aparência, sexo, inteligência, vitalidade.

São os personagens mais difíceis de acompanhar e de ajudar a mudar. Sua estrutura foi sendo montada com identificações negativas, papéis congelados, desencontros e muita solidão. Um traço que acompanha esses personagens é seu pouco sentido de humor.

O personagem representado (equivalente ao *role-playing*) mostra maior nível de espontaneidade. Apresenta uma estrutura básica inconsciente ligada à idiossincrasia, mas está mais conscientemente elaborado. Aproveita, em sua construção, a experiência e a prática. Admite mais a surpresa e tem a possibilidade de respostas espontâneas. É o personagem que usamos em situações de compromisso social, profissional, de relações novas. Tem também uma função de moderação e ajuda no manejo da ansiedade própria dessas situações. É menos imposto e mais lúdico. Veste-se com roupas diversas conforme a situação. Um pouco de sedução, um pouco de boas maneiras, um toque de seriedade, uma aparência relaxada. Tudo segundo o guarda-roupa disponível. Esses personagens levam mais em conta a imagem e fazem, nas melhores situações, um bom uso dela.

Diferentemente do anterior, podem ser deixados de lado, na medida em que a segurança aumenta e permite que apareça a pessoa por detrás do personagem. Proporcionam uma proteção adequada aos diferentes papéis que lhes são requeridos e durante o tempo necessário.

Finalmente encontramos o *personagem criativo* (equivalente ao *role-creating*). Neste caso, o personagem quase se confunde com a pessoa. Representa um estilo (estilo deriva do nome de uma ferramenta afiada com a qual se faziam marcas escritas ou figuras de culto), é ele que contém maior espontaneidade. Por isso não é o que faz, mas faz o que é. Na expressão de Moreno, seriam o Buda ou o Cristo, nos quais a pessoa privada está incluída. Surgiram-me dúvidas se, nesse caso, continua havendo um personagem. Entendo que sim, pois salvo casos excepcionais como os de Cristo e Buda, a pessoa privada continua presente com dúvidas, incertezas, emoções, que interferem na criatividade e geram o personagem. Afinal, qual é a relação entre a pessoa e o personagem?

A pessoa, entendida como sujeito, se manifesta por meio do personagem, se veste com ele. Pode ou não utilizá-lo. É um recurso de que dispõe para si mesma ou para relacionar-se, como vimos na origem e na formação, com mais ou menos espontaneidade. Pode ser mais ou menos compulsivo. Os personagens mantêm com a pessoa uma relação diferente da que existe entre o ego e os papéis. Segundo Moreno, o ego são os papéis pelos quais se expressa. Não existe manifestação que não se dê mediante um papel. O personagem não apresenta essa necessidade.

Como vimos antes, pertence a outro nível de abstração, isto é, a uma instância intermediária, de tipo transicional, onde se conjugam identificações mais bem ou menos bem resolvidas, papéis percebidos, aceitos ou impostos. Desejos, expectativas, temores. Tem, como já foi dito, uma estrutura e um roteiro, e aparece em distintos papéis. Eu me perguntei se se justifica procurar um lugar para o personagem ou se este já estava coberto pela teoria dos papéis para a prática terapêutica. Minha resposta é que sim, pois o personagem tem um status que o torna muito operativo, como veremos ao falar de contexto e uso do personagem na psicoterapia.

Essa proposta não questiona a teoria dos papéis. Acontece que Moreno, principalmente ao falar de papéis psicodramáticos, às vezes chama personagens de papéis. Isso tornou necessários os úteis desenvolvimentos de Nafath e Perazzo a respeito desses papéis. Entendo que investigar o personagem amplia e complementa a teoria dos papéis.

Os personagens quanto ao contexto

Em psicodrama e em psicoterapia, os personagens apresentam características diferentes, de acordo o contexto, seja de psicoterapia individual, de grupo ou sociodramática.

Contexto individual

O contexto individual facilita a emergência de personagens de uso interno-íntimo-privado. Funcionam como interlocutores, com os quais se dialoga para tomar decisões ou para sentir-se acompanhado. Também funcionam como juízes: a voz da consciência às vezes se expressa como personagem. Na clássica vinheta, o anjo e o diabinho, um de cada lado, são personagens que expressam o desejo e o castigo ante determinadas situações. Os personagens da intimidade não são compartilhados e revelados com facilidade. São mostrados com cautela, timidez, são muito sensíveis. Por serem produções da subjetividade, revelam uma origem narcisista (no bom sentido) que precisa ser tratada com delicadeza. Aparece o medo de serem ridicularizados e tomados por loucos.

Quando o vínculo terapêutico está suficientemente seguro e confiável, podemos relacionar-nos diretamente com eles e acompanhá-los em sua formação e suas funções.

No contexto individual surge outro tipo de personagem, que também aparece no grupo, por estar relacionado com os vínculos. Esses personagens podem ser ou não transferenciais, em virtude do grau de consciência que possuem. São menos conscientes, embora não necessariamente reprimidos. Por isso é no grupo que se mostram melhor; aparecem como modos de ser. Às vezes, em terapia individual, os pacientes perguntam: "mas como, nem todos são assim ou funcionam assim?". Os que têm maior carga transferencial pressupõem um interlocutor ao qual adaptam o personagem para relacionar-se. Com esses é necessário decifrar o interlocutor que nos mostram para compreendê-lo. Uma vez conseguido, pode-se assumi-lo deliberadamente e depois propor uma troca de papéis.

Um terceiro tipo de personagem que observo no trabalho individual é o que se vai desenhando pelo relato de situações com terceiros: a esposa, o chefe, o companheiro de trabalho, onde aparecem comportamentos reiterativos com um denominador comum: o personagem. Este é finalmente compreendido e ao ser comunicado permite iluminar o aspecto compulsivo. Se é compartilhado e pode ser assimilado pelo paciente, constitui-se numa chave na relação, para detectar quando e para que aparece. Isso ajuda a rastrear suas origens para poder modificá-lo.

Com relação a este último aspecto, sou cético quanto a encontrá-las em um momento chamado "cena nuclear conflitiva", isto é, aquela cena única que, à semelhança do trauma, uma vez achada mudaria o comportamento. Creio, sim, que é muito útil achá-la, pois ilumina e introduz a racionalidade suficiente para continuar trabalhando o personagem que se foi alimentando de muitas outras situações.

Contexto grupal

O grupo facilita a emergência de outros personagens. Em primeiro lugar, os mencionados no contexto individual que se expressam em conseqüência do confronto com outras subjetividades e respostas diferentes a situações similares. Depois – e nisso reside muito da riqueza do grupo –, o modo particular de cada um processar suas vivências e conflitos que se modelam em um personagem. Aparecem assim o desconfiado, o ingênuo, o manipulador, o emotivo, o louco. Personagens que trazem sua história de identificações e papéis congelados, que se vão flexibilizando e intercambiando à medida que o grupo evolui. Outros, são os personagens latentes da dinâmica grupal: o bode expiatório, o líder, o ajudante, o protagonista, tão bem definido por Luis Falivene.

Acrescentaria, finalmente, os personagens que os integrantes constroem em suas dramatizações e passam a ser patrimônio da cultura grupal.

Contexto sociodramático

No contexto sociodramático trabalhamos o que Moreno chama de aspectos coletivos do papel. Esses aspectos, ligados ao contexto social, são generalizações que aludem a alguma característica das pessoas: os provincianos, os platenses,* os bacanas, os católicos. Essa generalização se baseia num pré-juízo, em geral depreciativo. Como sabemos, a

---

* De La Plata (Argentina). (N. T.)

proposta de Moreno é desmontar essa generalização e chegar à inversão de papéis.

Quando a generalização se personaliza e falamos não dos, mas do provinciano, do platense etc., isso continua sendo um aspecto coletivo do papel, porém mais próximo do personagem. Quero dizer que é possível moldar-se como personagem nos grupos, no sentido de dar uma estrutura e um roteiro particulares.

Tenho presente como o aspecto coletivo do papel se converte em um personagem, recordando um sociodrama dirigido por Bustos no Rio de Janeiro, em 1990, quando o aspecto coletivo do papel era "os que vão a um congresso pela primeira vez". Esse aspecto foi encarnado por um jovem estudante ou recém-graduado, não lembro bem, e trabalhado mediante algumas cenas, tendo-se convertido num personagem representativo, no congresso, em oposição a outro personagem mencionado por Bustos, "as vacas sagradas".

Em outro sociodrama dirigido por Fonseca, no congresso internacional de 1991, em São Paulo, o critério era a afiliação geográfica. Foi consagrado aquele que vinha do lugar mais distante, personificado por um único finlandês, que em seguida se converteu num personagem no congresso, e muito popular.

Trabalhando sociodramaticamente em instituições ou grupos de trabalho surgem personagens próprios desses contextos: o boicotador, o otimista etc., sendo que a dinâmica melhora quando se consegue identificá-los como personagens.

Desenvolvida a definição e a delimitação do conceito, quero mostrar seu uso e sua utilidade.

Como não poderia ser diferente, de certa forma isso já vem sendo mostrado. Quero, não obstante, desenvolvê-lo de forma mais exaustiva.

3

O Personagem: Uso e Utilidade na Psicoterapia Psicodramática e no Psicodrama

A utilidade do personagem reside em que, por ser um produto de transição, com um status epistemológico intermediário, uma metáfora, é adequado tanto para moldar conteúdos ligados a papéis, identificações e significados de dentro para fora, quanto para sua elucidação, seu esclarecimento, de fora para dentro.

Pode ser tanto um recurso que direciona nossa investigação quanto um veículo expressivo. O personagem contém, entre outras coisas, papéis e identificações e como tal tem sido usado por vários autores.

Em teoria e prática de papéis, Moreno diz: "O papel pode ser definido como uma pessoa imaginária criada por um dramaturgo" (*Psicodrama*, p. 213). Em nossos termos, está falando de um personagem. Esse personagem representa papéis. Mais adiante: "Também se pode definir o papel como um caráter ou função extraídos da realidade social".

Em inglês, *character* equivale ao personagem representado em uma encenação teatral. É provável, também, que na linguagem teatral corrente se fale de personagem ou papel indistintamente. Sucede que, ao passar para a teoria de papéis, em psicodrama, é necessário diferenciá-los para poder situá-los nos *clusters* e no restante dos papéis sociais e psicodramáticos.

Entendo que Moreno capta o conceito de papel nos personagens do teatro e depois o aproveita para continuar conceituando, sem estabelecer a diferença. No mesmo texto, mais adiante, diz: "Por detrás da máscara de Hamlet, a personalidade privada do ator espreita. Freqüentemente isso tem sido chamado de conflito primário entre papel e pessoa". Em minha opinião, é o conflito entre papel e identificação.

Fica mais claro quando, comentando a Duse, que dizia confiar muito no ponto, aparentemente porque não tinha boa memória, diz: "mas não confiava no ponto nem na estréia nem quando desempenhava um papel que não lhe interessava. Isso acontecia em papéis [...] aos quais se sentia intensamente ligada pessoalmente, como por exemplo, o de Élida em *A Dama do Mar*, de Ibsen".

Eu diria que os papéis de um personagem com o qual se identificava profundamente tendiam a confundir-se, então recorria ao ego-auxiliar, o ponto.

Esse é o conflito primário entre papel e pessoa: quando se identifica com Élida, em uma identificação não resolvida, deixa de ser o personagem e passa a ser Duse. Não há interpretação de um personagem: estaríamos no campo do psicodrama e não no do teatro. É o que acontece no trabalho terapêutico: quando o terapeuta se identifica com o paciente e não consegue voltar, os papéis se confundem. O que chamo de identificação não resolvida é o não conseguir voltar ao seu papel. Quero dizer, não elaborada. É aquela identificação que não admite a perda do objeto, como possessão narcisista e independente. Até poderia me aventurar a dizer que a espontaneidade tem relação com a clareza das identificações. Quanto maior a identificação narcisista, menor a espontaneidade.

Em *Seis personagens em busca de autor*, de Luigi Pirandello, cada personagem está definido por seu papel predominante, tanto que se chamam assim: a mãe, o pai, a enteada; mas são personagens, pois a mãe, por exemplo, é também esposa, viúva, costureira.

Outra autora, Melanie Klein, recorre também a um personagem, Fabian, do livro de Julien Green, *Se eu fosse você*, para ilustrar a identificação. Em seu trabalho *Sobre a identificação*, exemplifica a identificação projetiva com a análise do protagonista que, devido a um pacto com o demônio, pode converter-se em quem deseja só pronunciando-lhe o nome. Desse modo, Fabian consegue trocar papéis com outros personagens, em razão dos papéis desejados (invejados) que eles desempenham.

Acompanhamos o personagem rastreando as identificações, pelos papéis invejados em outros personagens.

Assim, entendo, como já disse, a relação papel–identificação como continente-conteúdo. O papel está mais ligado aos vínculos, às relações, ao inter, enquanto a identificação está mais ligada ao mundo interno, ao intrapsíquico. O papel contém as identificações e ambos estão contidos no personagem.

Partindo dessas considerações, vejamos como aproveitar o personagem na prática clínica. Como forma de organização, descrevo a seguir o uso do personagem segundo os diferentes contextos. Não pretendo esgotá-los, apenas menciono aqueles que mais utilizo:

- no aquecimento;
- na psicoterapia individual;
- na psicoterapia de grupo;
- na supervisão, como recurso didático;
- em orientação e terapia familiar.

a – Durante o aquecimento

É freqüente, na seqüência do estímulo dos iniciadores físicos, corporais ou mentais, pedir que se traga um personagem ou que uma sensação ou imagem se transforme num personagem. Estamos, dessa forma, apelando para o potencial metafórico do personagem que, com sua condensação de papéis e identificações, nos conduz a uma cena que se está tentando expressar.

Observe-se que pedimos um personagem, não um papel, que sem dúvida estará contido nele. Apostaria que na prática usamos mais o conceito de personagem que o de papel.

Pedimos que se dê um nome a esse personagem, o que já é revelador de seu conteúdo, e daí em diante ele conduz a uma cena ou é trabalhado em si mesmo.

b – No contexto da psicoterapia individual

Aqui, uso esse conceito de várias maneiras.

Ocasionalmente, a referência a algo ou a alguém, na sessão, me sugere um personagem. Procuro identificá-lo e dar-lhe um nome, e a partir daí começo a ouvi-lo. Assim, por detrás de cada fato que me é relatado, esse personagem vai-se tornando mais claro. É claro que nem sempre é assim. Uma vez que me parece identificado, compartilho isso com meu paciente. Com freqüência isso lhe é revelador e ele passa a refletir sobre esse personagem, buscando-lhe os motivos e/ou as intenções.

Em outras ocasiões, eu me pergunto a quem ou a que personagem está falando. Isso me ajuda, pois permite inferir algum conteúdo transferencial e, particularmente, perceber em que lugar se coloca perante mim, no aqui-e-agora, como revelador de um momento lá fora.

Isso nos permite, nos casos melhores, clarear os papéis que aparecem com maior freqüência defensivamente, assim como as identificações a eles relacionadas. Nos casos menos proveitosos, fica como a descrição de um comportamento, para ser revelado em outro momento.

Um terceiro modo consiste em pedir, diante de um conteúdo repetitivo pouco claro: se isso fosse um personagem, qual seria?

Muitas vezes aparece surpresa, vacilação, mas quase sempre o personagem é identificado e recebe um nome. Aparecem, assim, a vítima, o pobrezinho, o soberbo, e todos são esclarecedores e ampliam a visão.

Posso propor colocar-me como ego-auxiliar e pedir que me ouça como um "espelho" e depois perguntar que personagem falaria desse modo. Geralmente identificam alguém em particular ou simplesmente dizem: um filhinho da mamãe, um autoritário, um estúpido.

São particularmente úteis os personagens que, ao longo da relação, aparecem com freqüência quase como geradores de identidade. Lembro de um batizado como "o bonzo", por sua tendência a se queimar, a se expor. São personagens muito ricos, que trazem fragmentos de histórias de vida. Depois, podem ser cada vez mais facilmente identificados com expressões tais como: "lá vem o bonzo".

Um paciente, quando se supunha em falta, se convertia em "o felpudo", no qual os demais podiam descarregar o que quisessem.

Os personagens, na medida em que contêm papéis, raras vezes aparecem ou circulam sós, o que torna muito útil definir e esclarecer o papel complementar. Temos constatado que o complementar pode ser o verdadeiro gerador desse personagem. Assim, "o felpudo" encobre um autoritário, "o bonzo", um manipulador, "o conciliador", um violento.

O personagem que chamaria de "reativo" ou "encobridor" costuma ser excessivamente enfático na relação, superatuado, muito "valorizado" e, por oposição, condenando os demais como hipócritas e manipuladores. Proponho que se dê nome a cada personagem e peço uma confrontação. É comum conseguirmos identificar nesse personagem condenado pessoas rejeitadas e admiradas, que não se consegue integrar por causa de feridas que precisam ser cuidadas para que se cicatrizem.

Em outra ordem, dentro do contexto individual, trabalhamos na construção de personagens que permitam aproveitar recursos disponíveis que, por algum ou alguns motivos que são parte do trabalho terapêutico, não poderiam ser aproveitados. São modelos de ação que vão ganhando espontaneidade em seu desempenho.

Entretanto, além desses aspectos em parte diagnósticos, sempre fica claro que não há personagens bons e maus. Todos são a melhor resposta possível a determinadas circunstâncias e, como tal, mostram um potencial criativo, que convém ser valorizado.

Recomendamos que cada um possa ser o diretor de seus "teatros da mente", cada vez melhor.

c – Contexto grupal

Além do aquecimento, mencionado anteriormente, uso esse recurso em diferentes momentos da dinâmica grupal. Por exemplo, em jogos dramáticos, uma vez contextuado o jogo peço que se escolha o personagem. Posso então seguir diversas alternativas: cada personagem faz uma cena e conta sua história, que geralmente mostra aspectos pessoais desejados e ansiados, mas que podem resultar encobridores e pouco comprometidos. Nesse caso, peço que se represente o personagem oposto; este pode ser mais pessoal e revelador.

Outra alternativa: proponho que cada um com seu personagem e todos juntos montem uma cena. Com essa proposta, num jogo dramático, num grupo em que o contexto era uma selva, um integrante escolheu ser um tronco, enquanto os outros haviam escolhido ser animais, mariposas, vento. Essa escolha foi muito reveladora para ele e para os demais, pois ele se sentia um tronco no grupo e os demais também o vivenciavam assim. Durante muito tempo ele mencionava estar novamente sendo o tronco: pesado, rígido, sem graça, quando algo o deixava em conflito.

Outro uso em grupos: numa dramatização da qual fui protagonista, acabei criando um personagem, como resposta ao conflito trabalhado, que me acompanha e ao qual recorro em situações similares.

Uma utilidade interessante foi a que descobrimos com D., em um grupo do qual eu era diretor. D. tinha-me procurado encaminhado por um clínico, por sofrer hipertensão, colesterolemia e outras manifestações diagnosticadas como psicossomáticas. Depois de um tempo em terapia individual, passou a integrar um grupo. Em dada sessão, mostrou-se angustiado porque, depois de ter melhorado, os exames haviam voltado a apresentar resultados preocupantes.

Aceitou, com o assentimento do grupo, protagonizar. Na dramatização, foi concretizando os motivos de sua angústia diante dos resultados dos exames, relacionando-a com a esposa e os problemas dela, com seus filhos e a necessidade que tinham dele, com seu trabalho e a responsabilidade que acarretava, com seus pais já idosos.

Finalmente, com tudo isso construiu um personagem que, de fora, no "espelho", chamou de Ekeko. O Ekeko é uma divindade menor do folclore rural boliviano, representado em estátuas geralmente de cerâmica, ou talhado em madeira, que mostra um homem comum, um agricultor, carregando muitas pequenas bolsas que contêm tudo o que é necessário para a subsistência: trigo, milho, lã, tecidos etc. É um personagem mitológico protetor e provedor, que se costuma ter nos lares, ao qual se fazem pequenas oferendas: moedas, cigarro.

Quando D. se viu nesse personagem, sentiu-se profundamente representado. A partir daí, desse Ekeko, começamos a trabalhar alternativas menos onipotentes de assumir suas responsabilidades, de carregar tudo sobre seu corpo, assim como os motivos que o haviam levado a isso.

Esse Ekeko ficou incorporado à cultura daquele grupo para aludir a situações similares e passou a ser um referencial para D., sempre que começava a sentir-se Ekeko.

Em grupos com adolescentes mais velhos tem sido útil trabalhar com situações temidas, o equivalente das cenas temidas. Essas situações temidas podem estar relacionadas a um personagem. Nesses grupos, os personagens temidos são "o estranho", "o bobo", "o que se expõe ao ridículo", "o ingênuo" e vários outros. Desse modo, começando com a representação do personagem, podemos encontrar cenas que deram aso às inibições e trabalhar com elas.

d – O personagem na supervisão

No artigo de Luis Falivene, citado em outro capítulo, há um excelente exemplo do uso, em supervisão psicodramática, do conceito de personagem, mencionado tangencialmente para definir o protagonista, que é o tema do artigo.

Em meu trabalho como supervisor, faço uso parecido, buscando colocar o foco no personagem presente no material a ser supervisionado. No artigo citado, o personagem era "a filha que não pode falar com o pai".

Para mim é muito útil, em supervisão, usar o personagem como interpolação de resistência. Começo com um *role-playing*, para conhecer a dificuldade. Peço depois um espelho, o protagonista fora e outro ocupando seu lugar. Peço que a cena seja repetida sinteticamente e proponho que se convertam em dois os personagens que estão no palco: um vendedor de seguros com um cliente, um casal num jogo de sedução, um chefe com seu empregado. É surpreendente como os conteúdos se esclarecem a partir de outros vínculos.

Como escrevi em outro artigo, "Técnicas básicas del psicodrama", a técnica de "interpolação de resistência" tem várias aplicações, conforme a inventou Moreno e como eu a fui aplicando; um desses usos é o que relato a seguir.

Em um grupo de supervisão, com vários integrantes, depois do aquecimento um membro se propôs como material de supervisão. Algo assim como uma terapia do papel. A proposta despertou ressonância e ele foi escolhido protagonista. Sua proposta era que queria definir-se como terapeuta, ou seja, descobrir que tipo de terapeuta era. Perguntei-lhe quem acreditava que podia responder o que era ser terapeuta e a partir daí montamos uma primeira cena.

Para responder, chamou três personagens: Moreno, Freud e seu primeiro terapeuta, que havia sido uma figura muito significativa para ele. Foi assumindo o papel de cada um e, a partir do papel, cada personagem lhe respondeu. Depois de ter dito, como cada um dos personagens, o que acreditava que cada um deles pensava e lhe aconselhava, voltou a seu lugar.

Propus que caminhasse ao redor dos personagens, deixando entrar o que ouvia, que os auxiliares lhe repetiam. Pedi que, com base nisso, construísse um personagem que fosse a expressão de tudo que recebeu.

Depois de um tempo começou a dizer que estava lendo um autor que lhe parecia conter muito do que tinha sido dito e outras coisas nas quais se sentia representado.

Proponho uma segunda cena, com esse personagem. Na entrevista que fiz com ele, começa a visualizá-lo como um modelo. Na cena final, sugiro que se coloque como o modelo, em um lugar mais alto, ao modo do balcão dos heróis que propunha Moreno, de onde este personagem-modelo-protagonista diz sua verdade a respeito do que é ser terapeuta.

No tempo transcorrido desde então, aproximadamente dois anos, minha impressão é de que conseguiu personalizar, construir seu modelo próprio, podendo-se ver que está muito mais à vontade em seu papel. Na avaliação que cada um fez no fim do ano, esse integrante compartilhou que estuda mais, o faz com entusiasmo e se sente "sábio".

Esse foi um modo de aproveitar a criação de personagens imaginários para limpar e recriar um papel.

Ao começar este capítulo, enumerei o uso e a utilidade do personagem de acordo com os contextos, mas não quero estender-me na descrição para que não resulte num "manual do uso do personagem".

Em terapia familiar, os terapeutas conhecem a importância e a freqüência dos personagens, "o louco", "o agressivo", "o submisso", "o que se parece com o tio bobo", e a importância de trabalhar com eles.

Trabalhando em grupos institucionais aparecem personagens que, quando identificados, mudam a dinâmica do trabalho. Não tenho encontrado, por ora, outro modo a não ser este, um pouco "manualesco", no capítulo anterior e neste, de transmitir a riqueza do trabalho com personagens.

É um recurso produtivo muito versátil, que fundamenta sua riqueza nesse *status* intermediário, como cristalização e como portador de papéis, identificações e roteiros que contam histórias e projetos, desejos e temores.

Mesmo que presente neste escrito, merece um lugar mais definido na teoria que pretendo aprofundar.

4

Personagem, Papéis, Identificação, Articulação e Epistemologia[1]

Há um personagem que me ronda e aparece faz meses. É o escritor deste artigo. Custa conseguir que o autor escreva, para que eu possa representá-lo. Agora que finalmente consigo convencer o autor, para que comece a encarar o artigo, isto é, para que o coloque em palavras, percebo que a dificuldade está em que é um personagem tirânico. Posso vê-lo com clareza. Está completamente à vontade, lendo o material num congresso e depois entregando-o para publicação. É efetivamente tirânico, porque reclama originalidade, brilhantismo, clareza e está convencido de colher aprovação, admiração e elogios entusiastas.

Compreendo agora o sofrimento de Pirandello, acossado por seis personagens em busca de um autor.

Assisti à representação dessa peça há anos e ainda tenho presente a comoção que me provocou a inversão de situação, os personagens reclamando um autor. Não imaginava que chegaria a ser vítima de uma situação parecida.

Percebo também que esse personagem começou a surgir naquelas tardes de minha adolescência quando, em solidão e com alguns conflitos, lia os grandes novelistas espanhóis: Pérez Galdós, Azorin, Unamuno, Cervantes; que me

---

1. Trabalho apresentado no III Congresso Ibero-americano de Sociodrama. Póvoa do Varzim, Portugal, abril de 2001.

faziam viver e viajar e sonhar e começar a alimentar a secreta esperança – agora me dou conta – de poder produzir em alguém toda aquela maravilha que eu vivia.

Desse modo, e com a continuidade de minhas leituras, foi-se desenvolvendo e se fortificando esse personagem que agora reclama de mim algo semelhante e não é fácil ser autor de tamanho personagem. Animo-me a escrever algo quando começo a exorcizá-lo. Esse personagem é um papel? Bem, em parte, é sobre isso que quero escrever.

Os papéis, as identificações

Minha inquietação começou por aqui: investigar a relação entre papéis e identificações. Qual é essa relação? Existe? É possível articulá-los? Encontrando-se a relação, qual seria a utilidade para a clínica? Como aproveitá-la?

Enquanto me fazia essas perguntas, apareceu o personagem (o escritor) e não encontrei nada melhor que convidá-lo a participar, imaginando que também teria algo a ver em tudo isso.

Já engajado na tarefa de buscar informação, apresenta-se outro elemento que se diz parente, embora reclame um lugar próprio: a identidade. Que faço, então, com os papéis, as identificações, os personagens, a identidade?

Para orientar-me, lanço mão do psicodrama e começo com os iniciadores, neste caso, mentais e emocionais.

Em uma aula com um grupo de estudos que coordeno, o tema em pauta é o narcisismo. Fala-se de matriz de identidade e das "bases psicológicas para todos os processos de desempenho de papéis". Surge o tema da identidade e das identificações. Alguém (Ana Maria Knobel) pergunta: "Um papel é uma identificação?". Fico um momento desconcertado, nunca me havia ocorrido relacioná-lo assim, tão diretamente. Rapidamente, me instalo em meu "papel de professor" e respondo intuitivamente "sim". Estava disparada a curiosidade de averiguar algo mais.

Outro iniciador aparece quando, relendo um trabalho de Luis Falivene, "O protagonista: articulações na teoria e na prática", encontro esta proposta: "Nesse momento o terapeuta B, na situação supervisionada, se identifica com o terapeuta A da situação real e os dois, por sua vez, estão identificados com o cliente" (*Revista Brasileira de Psicodrama*, vol. 2, fasc. 1, 1994). Novamente, num contexto em que se definem papéis, aparece a identificação. Nesse caso, agregado ao que Falivene escreve mais adiante: "É a esse personagem que chamamos protagonista". Temos aqui esse outro elemento: o personagem.

Posso situar um terceiro iniciador na leitura do livro de Fonseca, no qual, ao referir-se ao diagnóstico da personalidade, propõe, para os transtornos narcisistas, a denominação de distúrbios de identidade.

Um pouco de história

Localizados os iniciadores, vou tentar compreender cada um dos conceitos. Comecemos pelo de papel. Ao longo de sua produção, em muitas ocasiões, Moreno escreveu sobre o papel, desde suas primeiras observações no teatro espontâneo, até sua concepção do desenvolvimento evolutivo do psiquismo. É um conceito relacional que se encaixa muito bem na concepção moreniana e que se origina do teatro. Como veremos mais adiante, essa origem lhe dá uma marca especial.

Muito cedo, Moreno se interessou pelo conflito entre o papel na obra de teatro e a pessoa privada do ator. Mais adiante, e acompanhando seu trabalho social, se interessou e se aprofundou nos papéis sociais e na relação entre papéis. Mais tarde, em seu trabalho clínico, tem sua atenção voltada para os papéis psicodramáticos e sua relação com a patologia. Quero dizer, para os fins dessa proposta, que praticamente desde o início Moreno se apropria desse conceito e o vai retrabalhando ao longo de seus diferentes interesses. Percebe-se assim que ele vai tentando reelaborá-lo para fazer entrar nele tudo o que percebe sem consegui-lo. Por exemplo, no trabalho sobre teoria de papéis, exemplifica, mais do que define, todas as possibilidades e alternativas, fazendo uma proposta descritiva. Finalmente, molda o conceito nesta clara definição: unidade de cultura.

É que, efetivamente, o papel funciona assim, ligado à cultura, à antropologia e, especificamente na obra moreniana, à sociometria. Mencionei isso quando fiz referência à sua marca de origem no teatro. De minha perspectiva, o papel veicula o psicológico, mas não o explica. É aqui que intervêm as identificações, outro dos conceitos mencionados. Por isso, é nessa magnífica proposta que chama de matriz de identidade que Moreno está mais próximo dos conteúdos do psiquismo, conseguindo a síntese entre o intra e o interpsíquico, pela co-ação, co-existência e co-experiência.

Observamos que Moreno faz derivar os papéis do que chamou de identidade total. Isso despertou em mim certa curiosidade, porque poderia corresponder mais a Freud que a Moreno. Creio ter encontrado a resposta moreniana em seu trabalho *Sociodrama*, no qual escreve: "Todo indivíduo vive em um mundo que lhe parece inteiramente privado e pessoal, e no qual assume certo número de papéis privados. Mas os milhões de mundos privados se superpõem. São realmente elementos coletivos. Só as partes menores são privadas e pessoais. Assim, pois, todo papel é uma fusão de elementos privados e coletivos. Todo papel tem duas faces: uma privada e outra coletiva" (*Psicomúsica y Sociodrama*, p. 137).

Mais adiante acrescenta, depois de usar a analogia das camadas de cebola: "Mas diferentemente da cebola, achamos um núcleo de papéis. Do ponto de vista desse núcleo, os papéis privados aparecem como um revestimento que dá aos papéis coletivos uma coloração individual, de maneira diferente em cada caso. Trata-se de *o* pai, *a* mãe, *o* amante, etc. versus *um* pai, *uma* mãe, *um* amante, etc.".

Quando fala disso, Moreno está fundamentando sua criação do sociodrama e, depois do relato de uma situação entre vizinhos, comenta: "Em seus conflitos havia complicados fatores coletivos cujas implicações iam mais além da boa vontade individual. Esses fatores eram supra-individuais".

Creio que esse tipo de identidade total, ou seja, coletiva, é o que Moreno tem em mente quando escreve sobre matriz de identidade. O trabalho *Princípios de espontaneidad* foi escrito muito pouco tempo depois do citado acima, sobre sociodrama, que são conferências do final de 1943.

Vejo então como, ao longo de sua produção, o papel, do qual se apropria prematuramente, em suas origens teatrais, é um conceito que lhe permite ir costurando tudo o que faz sua prática de ação vincular. Daí, como veremos, no que diz respeito à clínica, nosso tema, o papel alcança sua máxima utilidade no grupo. Falar de papel evoca o grupal.

Vejamos agora um pouco sobre identificações

Contrariamente ao que se poderia supor, identificação tem relativamente pouco a ver com identidade. Em outras palavras, a identidade não é a soma das identificações. Isso é assim porque pertencem a campos distintos, epistemologicamente falando.

Erikson disse: "O método psicanalítico tradicional... quase não pode compreender a identidade, porque não elaborou termos para conceituar o ambiente. Certos hábitos dos teóricos da psicanálise, como denominar o ambiente como 'mundo externo' ou 'mundo dos objetos', não podem explicar esse último como realidade em que tudo penetra" (*Identidad, juventud y crisis*, p. 20).

Assim, segundo Erikson, a única vez em que Freud se referiu, de uma maneira mais que casual, à identidade, foi num discurso perante a Sociedade B'ne B'rit, em Viena, fazendo menção a sua identidade judaica, quando fala de "uma clara consciência da uma identidade interna" relacionada com a percepção de "minha natureza judaica".

Como delineio a seguir, a identidade está relacionada ao interior, mas em seu aspecto cultural, coletivo, ambiental, como diz Erikson. Pertence mais ao campo antropológico do que ao psicológico.

Freud sim falou, e cada vez mais ao longo de sua obra, de identificação. Nesse sentido é interessante notar que Moreno fazia mais referência à identidade, como correspondendo a sua proposta voltada para o interpsíquico, o cultural e o sociológico, e muito menos às identificações.

Ao contrário, Freud, mais interessado no intrapsíquico, refletiu mais sobre identificações, *self*, personalidade e caráter, do que sobre identidade, a qual, como afirmei anteriormente, quase não menciona. L. Grinberg disse: "O conceito de identificação é central e básico para a compreensão do desenvolvimento e organização da personalidade" (*Teoría de la identificación*, p. 7).

A identificação, a partir da perspectiva psicanalítica, se encontra no centro da construção, do desenvolvimento e da modificação do sujeito. Intervém na formação das instâncias psíquicas e da identidade.

Quase não há autor psicanalítico relevante que não tenha falado de identificação, a partir de sua perspectiva. Tal é sua importância. É o processo pelo qual se gera e se recria um mundo interno.

Ela está intimamente ligada à aprendizagem, da qual, às vezes, não é fácil diferenciá-la. Está presente nos vínculos, mediante propostas do tipo "se eu fosse você", claro exemplo de identificação projetiva, muito próxima à troca de papéis, mas nesse caso em um só sentido.

Como eu dizia, há muita coisa elaborada sobre identificação na teoria psicanalítica. Ao final deste trabalho, que investiga a relação com os papéis, vou focar um aspecto restrito.

Segundo Grinberg (p. 26), Freud empregou pela primeira vez o termo identificação em 1896, em uma carta a Fliess, ao descrever o sintoma agorafóbico na mulher como produto de uma identificação com a prostituta que caminha pelas ruas buscando clientes. A identificação subjacente está ligada a um desejo de ser libertina. Um ano depois, volta a fazer referência à identificação com a *persona* morte, a rigidez cadavérica, no espasmo tônico histérico. Vemos que é um conceito do qual se ocupou muito, desde o começo de seus trabalhos.

A partir de *Introducción del narcisismo* (1914), começa a dar-lhe cada vez mais importância, junto com sua preocupação com a formação do ego.

A identificação é, para Freud, em síntese:

a. A forma original do vínculo afetivo com um objeto. Quase a mesma concepção de Moreno, quando este fala da formação do papel na matriz de identidade. Suas palavras: "Essa matriz de identidade estabelece o fundamento do primeiro processo de aprendizagem emotiva da criança" (*Psicodrama*, p. 102).
b. Uma forma regressiva de converter-se em substituto da carga objetal libidinosa.
c. O resultado de cada nova percepção da qualidade comum compartilhada com outra pessoa, que não seja objeto do instinto sexual (p. 14).

Em outras palavras, podemos falar de:

Identificações primárias: aquelas referidas às identificações fundantes, ou identificações de ser.

Identificações secundárias: aquelas que implicam a renúncia à relação imediata com o objeto e instalam-no dentro, contribuindo para a formação de estruturas.

Identificações terciárias: seriam responsáveis pela formação de grupos que Freud chamava artificiais, com um ideal de ego comum, que identifica os integrantes.

"Considero, diz Grinberg, que o termo 'identificação' compreende, em sua acepção mais ampla, o conjunto de mecanismos e funções que determinam, como resultado, o processo estruturante ativo que acontece dentro do ego, com base na seleção, inclusão e eliminação de elementos provenientes dos objetos externos e/ou internos que se vão constituir nos componentes que ampliarão a estrutura rudimentar do ego, desde os primeiros instantes da vida" (pp. 11 e 12).

Fala-se de mecanismos e funções que se orientam para a formação do ego e das estruturas psíquicas, a partir da perspectiva estritamente psicológica. Como conseqüência, o ego de Freud será um ego residual de relações de objeto abandonadas, isto é, identificações. O ego de Moreno é aquele que surge dos papéis, é o ego experiencial, não o ego instância psíquica. Para arredondar esse ponto, direi que também Moreno fala de identificação: "A identificação carece de sentido no primeiro mundo da criança". Mais adiante, acrescenta: "A identificação não é algo dado, mas o resultado de um esforço para ir mais além ou para fora do que a pessoa é. Evidentemente, a criança não é capaz de experimentar um processo tão complicado".

Concordo com Moreno, na medida em que ele fala do que antes defini como identificação secundária. Nessa primeira etapa, a criança não pode ter esse tipo de identificação. Nessa etapa à qual ele se refere, a matriz de identidade, produzem-se as identificações primárias (mesmo que não as chame assim) das quais Moreno fala, em *Teoría y Práctica Roles*: "devido à co-experimentação dos papéis materno e paterno, estes se convertem em parte da própria criança, a tal ponto que para ela é mais fácil ser eles do que representar os papéis". Essas são as identificações primárias que Freud chama de "ser". A seguir, diz Moreno: "é difícil exteriorizar um papel que está completamente integrado no ego" (quase uma definição de identificação).

Identidade

"A noção de identidade é uma das mais controvertidas, tanto no terreno filosófico como no psicanalítico" (Grinberg, *Identidad y Cambio*, p. 17).

Mencionei anteriormente que Moreno usa com certa freqüência o conceito de identidade, falando de identidade total, penso que para diferenciá-la de identificação. Em uma nota de rodapé, em *Princípios de espontaneidade*, diz: "Segundo nossa hipótese, uma operação mental como a identidade total deve ter preexistido, na criança, a uma operação como a identificação" (*Psicodrama*, p. 105).

A identidade total, segundo sua concepção, se relaciona com os elementos coletivos do papel. No sociodrama é disso que se trata. As instruções do sociodrama estão referidas a esses elementos coletivos, que têm a ver com lugares, etnias, culturas, religião. São papéis coletivos: os católicos, os negros, os judeus etc. As identificações estão ligadas aos elementos privados do papel e é delas que tratamos no psicodrama grupal e individual.

O conceito de identidade pertence, com mais propriedade, ao âmbito da antropologia social, em especial a etnologia. É o tema de um extenso seminário exposto por Claude Levi-Strauss, chamado *La identidad*, no qual ele a discute exaustivamente, com um enfoque multidisciplinar.

Há, igualmente, uma perspectiva psicológica da identidade, que Erikson define como "sensação subjetiva vigorizante de mesmice e continuidade" (*Identidad, Juventud y Cambio*, p. 16). Mais adiante acrescenta: "A identidade está situada no núcleo do indivíduo e também no núcleo de sua cultura" (p. 19). Grinberg, L. e R. a ela se referem como sentimento de identidade resultante de um processo de inter-relação contínua entre três vínculos: vínculo de integração espacial, vínculo temporal e vínculo social (*Identidad y Cambio*, p. 11). É então um conceito mais abrangente, que inclui os elementos coletivos do papel. Seu campo está mais vinculado à antropologia. Em sua vertente psicológica, começou a ter maior relevância há alguns anos, em razão de patologias ligadas à identidade. Diz L. Hornstein: "Ainda que a identidade não seja um conceito propriamente psicanalítico, não há análise das organizações narcisísticas ou limítrofes sem que a identidade se constitua num problema".

O personagem

Embora esse conceito não tenha o *status* científico dos anteriores, merece ser levado em conta e definido, em razão de sua presença na bibliografia e de sua utilidade na prática.

Sua origem, assim como o de papel, com o qual tem relação sem com ele confundir-se, é o teatro. Deriva de *persona*, termo latino que literalmente significa "máscara do ator". Seu uso remonta ao século XIII (*Diccionario Epistemológico*, p. 454).

O personagem, conceito com o qual comecei este texto, é, no dizer de Luis Contro, uma metáfora que se caracteriza por sua capacidade de ser atravessada por diversos sentidos, ao dar-se no terreno do figurado (*Temas protagônicos*, p. 7). O personagem, no trabalho terapêutico, é um depositário de identificações. Também é mais que isso, é o resultado de vivências e transações entre desejos e possibilidades. Habita em nós para o bem e para o mal. Pode aterrorizar-nos ou ajudar-nos a nos expressarmos. Como fica explicitado no trabalho de Luis Falivene e nas ampliações de Contro, é mais que o papel. Um mesmo personagem aparece em vários papéis.

Como conceito de uso cotidiano, é de grande utilidade onde a reiteração de determinados comportamentos acaba se revelando como expressão de um personagem. Todos temos presente o descobrimento de certos personagens ao longo do trabalho terapêutico, que marcam formas de se vincular e de se manifestar, que se constituem em códigos da relação terapêutica.

Comentei anteriormente que o personagem está relacionado com o papel mas não se confunde com ele, pelo menos atualmente. Ambos têm sua origem no teatro e talvez estivessem mais próximos inicialmente, pois *persona* é a máscara do ator, aquilo que o caracteriza, e papel é *rollo*, onde está escrita sua parte. Mas não se confundem, pois a máscara pode ter diversos discursos.

Moreno os confunde quando fala de Hamlet, Fausto ou Otelo como papéis. São personagens. Hamlet representa vários papéis: em primeiro lugar, o de filho, mas também o de amigo, amante, príncipe etc.

Poderíamos supor que o que diz Moreno é que o personagem é um paradigma mas não uma unidade de cultura, como tão bem definiu papel. No dizer de Pirandello, os personagens "são a encarnação de uma verdade conceitual, não nascida da natureza, mas sim da imaginação, que é a verdadeira realidade e coincide com a vida".

Não imagino a obra de Pirandello como "seis papéis em busca de autor". Os papéis buscam personagens, e os personagens buscam autor.

O que aproveitamos na clínica é esse aspecto de "verdade conceitual", oriunda da imaginação, seu poder metafórico.

Em meu trabalho em terapia bipessoal, principalmente os personagens que habitam no paciente constituem uma parte muito importante da relação, que dinamiza e enriquece a compreensão. À medida que se apropriam deles colocam-nos a seu serviço ou os modificam, pois os mais eficazes são os inconscientes. É algo similar ao que Joyce Mc Dougall propõe em seu livro *Teatros de la mente*.

Enfim, não me escapa que esses quatro conceitos são de diferentes níveis de abstração, em termos epistemológicos, mas aqui me importa mais sua pertença de origem do que sua metapsicologia.

Desenvolvidos mais ou menos rapidamente esses quatro conceitos para situá-los em seu campo epistemológico, quero avançar nas interrogações iniciais: Qual é a relação entre eles no trabalho clínico? É possível articulá-los? Qual é a utilidade de fazê-lo?

Evidentemente, as pessoas que nos consultam têm uma identidade, mais ou menos clara, mais ou menos assumida, mais ou menos necessitada de revisão. Essas pessoas também atuam em papéis mais ou menos espontâneos, mais bem ou mais mal desempenhados, com um espectro mais amplo ou mais restrito. São produto de identificações iniciais, sucessivas e ressignificadas e são habitadas por personagens, com melhor ou pior definição, que operam com mais ou menos força. Minha proposta é que quanto melhor conhecermos a origem, o desenvolvimento e a operatividade de um conceito, melhor poderemos aproveitá-lo, seremos mais eficazes, produziremos e faremos menos confusão em nossa relação de trabalho. Entendo que articular conceitos surgidos de diferentes âmbitos, sem mesclá-los, amplia nossa possibilidade de compreensão e ajuda.

Tentarei ser mais preciso com exemplos. A mãe de L. me procura, muito aflita. Seu terceiro filho, L., de 20 anos, está muito mal, vive angustiado, chora com freqüência, não conseguiu terminar o secundário. Numa consulta anterior se falou de esquizofrenia. A relação dos pais entre si é ruim e a relação de L. com o pai é muito conflituosa. O pai não quis participar da consulta. Quando vejo L., ele me conta que o motivo de sua intensa angústia vem do fato de pensar que é homossexual. Consigo inteirar-me de que isso lhe sucede há uns três meses, quando começou a sentir enfado por sua namorada, e passou a achar que não gostava dela. Deduziu que, se não gostava das mulheres, deveria ser homossexual. Ante tal simplismo de raciocínio, comecei a levar em conta o diagnóstico do colega, transmitido à mãe, de esquizofrenia.

De qualquer forma, mostrava boa disposição para o trabalho terapêutico; ele havia pedido ajuda e começamos a construir o vínculo nessa fase de investigação. Eu havia tratado uma meia-irmã dele, anos atrás, e isso dava à relação certa confiabilidade.

Assim, vou-me inteirando de que, antes da angústia por sua presumida homossexualidade, havia sentido muito medo de contrair aids, a tal ponto que, caminhando na praça, sentia-se picado com uma agulha hipodérmica; e antes disso, custava a dormir porque temia que alguém o abordasse com uma bolsinha com cola, como tinha visto uns meninos fazerem, para se drogarem. Devo dizer que sua irmã menor, de 18 anos, estava em tratamento para recuperar-se de drogadição.

O modo de L. se vincular é muito peculiar, utilizando perguntas quase o tempo todo: "Doutor, pode ser...? É verdade que...? Doutor, por quê...?". Mediante isso busca e oferece informação e espera contenção e apaziguamento.

Paralelamente, a mãe insiste em obter informações sobre ele, insistindo, especialmente, para que o pai compareça. Eu consulto L., que já tem 20 anos, e este não aceita, e eu o respeito. Ele quer que este seja um espaço próprio. Essa atitude ante o desejo de controle da mãe me parece um bom sinal.

Começa a falar de seus amigos, da boa relação que tem com eles, onde se sente querido e aceito, seu entusiasmo pelo futebol, paixão que compartilha com o pai e com o irmão. Fala de seu ciúme em relação à namorada, que o leva a sentir náuseas e a ter até hemorragias nasais quando ela ameaça deixá-lo, por causa desse ciúme.

Sente que o pai prefere o irmão, que é inteligente e um aplicado estudante universitário, que se envergonha dele, paciente, que é um burro. Nessa altura, pergunta se o que acontece com ele não teria a ver com o fato de ser prematuro. Nasceu com pouco mais de seis meses e permaneceu mais de um mês em incubadora. Muitas vezes tinha ouvido falar que sua falta de inteligência teria a ver com isso.

Começa a contar que, às vezes, não se sente homossexual e não entende como pode pensar isso. Mas horas depois, vendo televisão, se pergunta se algum homem não o atrai e volta a sentir-se homossexual.

Ante sua angustiada insistência sobre o que acontece com ele e se vai conseguir sair, lhe respondo, tendo em conta suas angústias anteriores, que são fobias e insegurança. Isso o tranqüiliza um pouco e ele começa a se organizar. Surpreende-me o contraste entre os aspectos nos quais pensa e se relaciona bem, compatíveis com sua idade, e outros de uma puerilidade desconcertante.

Começa a mencionar com freqüência que o pai o ignora, que o rejeita por sua falta de inteligência. A hostilidade para com o pai é cada vez mais notória.

Depois de uns seis meses, aceita que haja uma entrevista com os pais, mas não quer dela participar.

Nessa entrevista, fica claro que a mãe pensa que L. está assim por culpa do pai e aproveita para fazer-lhe várias reclamações. A única coisa que interessa ao pai é saber se o filho é homossexual e se eu vou apoiá-lo nisso. É algo que ele não toleraria. Mas também fico sabendo que o pai tem um irmão mais velho que foi inteligente e preferido, do qual sempre sentiu muito ciúme. Ele pensa que com L. acontece o mesmo, que tem ciúme do irmão. Conclui dizendo: "L. é igual a mim".

Procuro agora transmitir como leio esse material, utilizando os conceitos anteriores.

Podemos conjecturar que L. sofre de um transtorno de identidade. Não transmite essa "sensação subjetiva vigorizante de mesmice e continuidade", de que fala Erikson. Ao contrário, sente dúvidas a respeito de sua identidade sexual, da força de seu corpo, de sua capacidade intelectual e de seus interesses. Levando em conta sua idade, isso não seria grave, pois está naquela fase que Erikson chama de "moratória social", referindo-se às crises próprias do período.

Vejo também uma identificação hostil com o pai. Com relação ao pai, podemos falar de uma identificação especular negativa. Isso significa que L. se identifica com aquilo que rejeita em si mesmo.

Não aparece nesse fragmento do material clínico, mas mostra uma identificação idealizada com o avô paterno, um boxeador amador com certo reconhecimento, a quem admira e com quem espera parecer-se.

Com seu irmão, aparecem identificações idealizadas e desqualificantes, segundo ele o vê e lhe é comunicado pelo entorno familiar. Essas identificações são as representações com que ele constrói seu mundo interno e as estruturas que o conformam.

Os papéis de L., nos quais, no dizer de Moreno, se expressa seu ego (filho, amigo, namorado, irmão, neto), são em minha opinião mais ou menos espontâneos, em virtude das características das identificações que os sustentam.

No meu entender há, entre papéis e identificações, uma relação continente–conteúdo. O papel contém as identificações que se evidenciam em seu desempenho.

Isso se faz mais claro nos papéis sociais, pelos elementos coletivos e privados do papel, no qual os aspectos prescritos ou coletivos dão a forma e os elementos privados, o conteúdo identificatório. Isso sem perder de vista o que, dos elementos coletivos, está relacionado com a identidade total.

No caso de L., o papel de namorado, por exemplo, que no começo se manifestava com uma grande necessidade de controle, em razão de sua insegurança e desvalorização, foi-se transformando significativamente na medida em que se foram esclarecendo as identificações ligadas a essa desvalorização.

Comentei que pode ser mais fácil perceber a relação continente–conteúdo nos papéis sociais, mas em minha opinião ela aparece igualmente nos demais.

L., por exemplo, não conseguia dormir, imaginando a bolsa de cola em seu travesseiro. Isso diminuiu quando pôde entender o que se poderia chamar de "identificação histérica" com aqueles meninos. Esclarecemos a curiosidade e o desejo associados ao seu temor.

Desse modo, a articulação entre o intra e o interpsíquico se torna funcional.

Podemos, destarte, acompanhar as modificações na espontaneidade dos papéis a partir da elaboração das identificações que os sustentam.

Entendo que o desempenho e a assunção de papéis têm a ver com algo mais do que a imitação, a prática, a percepção ou a outorga. Implica alternativas relacionadas com ansiedades, fantasias, desejos, introjeções e projeções que formam as identificações.

A partir dos papéis conseguimos trabalhar com elas e também com os complementares internos.

Penso, então, que a catarse de integração é eficaz na medida em que modifica identificações.

Assim, no trabalho clínico fica evidente como, ao longo do processo, vão mudando os complementares de que nos falam: pais, esposos, chefes, companheiros aparecem de forma muito diferente daquela com que foram apresentados, mudando a relação ligada a representações internas.

Isso é particularmente evidente nos grupos terapêuticos processuais.

Para concluir: o personagem ou caráter, segundo a expressão inglesa, começou a ter mais importância na bibliografia atual, creio que com justiça, em razão de sua versatilidade e utilidade na prática clínica.

Uso o personagem às vezes no aquecimento, tanto individual como em grupo, outras vezes como síntese ou metáfora, em dado momento da dramatização e também em supervisões, como interpolação de resistência.

Onde percebo, porém, que tem maior utilidade é quando aparece, como no começo deste texto, com um aspecto próprio, quase com vida independente. Como diz Pirandello, "a encarnação de uma verdade conceitual nascida da imaginação".

Voltando a L., um personagem que o habita, que nos permitiu entender muito de sua patologia, é o "prematuro".

Como já foi dito, L. nasceu com pouco mais de seis meses de gestação e um peso inferior a dois quilos, o que o obrigou a uma permanência em incubadora por algo mais de um mês. Física e organicamente, não mostra nenhuma seqüela desse fato. É um jovem de aparência robusta, bem desenvolto e aspecto agradável.

Seguramente, a ansiedade ligada a sua sobrevivência, somada à especial demanda que um bebê assim requer, teve conseqüências na placenta social e na matriz de identidade.

Ao longo do crescimento, muitas dificuldades e comportamentos foram atribuídos a esse motivo. Acompanhado de queixas, em especial da mãe, que diz que isso causou a postergação da carreira, que finalmente terminou.

Tudo isso foi alimentando esse "personagem", primeiro percebido e depois assumido, que ocupa um importante lugar na identidade de L.

Trabalhar com esse personagem a partir de diferentes perspectivas, interrogá-lo, visualizar as circunstâncias nas quais aparece em seu comportamento, nos permitiu desmitificá-lo e reduzi-lo a dimensões razoáveis. L. registra também momentos nos quais recorre a ele defensivamente, fazendo o papel de prematuro.

Lembro-me também de outro paciente, que tinha inventado um personagem que chamava de "regulador automático de felicidade". Quando as coisas iam bem, se cumpriam suas expectativas e tudo parecia funcionar, começavam preocupações hipocondríacas do tipo "descobriram nele um aneurisma, um tumor, alguma infecção". Era este o "regulador automático de felicidade", que o protegia de eventual exagero. Seu pai tinha morrido subitamente, numa partida de futebol, quando ele era adolescente e estava assistindo ao jogo.

Podemos, então, falar de um personagem quando o utilizamos em sentido genérico, no aquecimento, ou com fins didáticos, e do personagem, aquele que nos habita, que construímos, que nos foi imposto e aceito.

Esse personagem é um depositário de identificações e defesas; surge em diferentes papéis e forma parte de nossa identidade.

Referências bibliográficas

Bustos, D. *Nuevos rumbos em psicoterapia psicodramática*. La Plata, Ed. Momento, 1985.

Contro, L. *Temas protagônicos contemporâneos*. Monografia para professor-supervisor. Campinas, 2000.

Erikson, E. *Identidad, juventud y crisis*. Buenos Aires, Ed. Paidós, 1971.

Falivene, L. "O Protagonista. Articulações na teoria e na prática". *Revista Brasileira de Psicodrama*, vol. 2, fascículo 1, 1994.

Fonseca, J. *Psicoterapia da relação. Elementos de psicodrama contemporâneo*. São Paulo, Ágora, 2000.

Freud, S. *Introducción del narcisismo*. Ed. Amorrortu, tomo XIV, 1995.

_____. *El yo y el ello*. Ed. Amorrortu, tomo XIX, 1993.

Garrido Martín, E. *Psicología del encuentro*. Sociedad de educación Atenas, Madri, 1978.

Grinberg, L. *Teoría de las identificaciones*. Buenos Aires, Ed. Paidós, 1976.

Grinberg, L. y R. *Identidad y cambio*. Buenos Aires, Ed. Kargieman, 1971.

Horstein, L. *Narcisismo*. Buenos Aires, Ed. Paidós, 2000.

Levi-Strauss, C. *La identidad*. Espanha, Ed. Petrel, 1998.

Mac Dougall, J. *Teatros de la mente: ilusión y verdad en el escenario psicoanalítico*. Madri, Tecnipublicaciones S.A., 1987.

Moreno, J. L. *Psicomúsica y Sociodrama*. 2ª. ed. Buenos Aires, Horme, 1977.

_____. *El Psicodrama*. Buenos Aires, Horme, 1972.

Pirandello, L. *Seis personajes en busca de autor*. Ed. Nuevo Siglo S.A, 1994.

Articulações e Narcisismo

5

Psicodrama – Narcisismo – Criatividade[1]

Boa parte deste texto foi estimulada pelo capítulo "Subjetividade e psicodrama: direção cênica da loucura", do livro de Sergio Perazzo, *Ainda e sempre psicodrama*.

Sérgio reflete sobre a participação da subjetividade do psicodramista na construção do projeto psicodramático. Aponta algumas formas pelas quais essa subjetividade se faz presente: determinado modo de ver o psicodrama, privilegiando este ou aquele aspecto da dramatização em dado momento.

Por exemplo, o diretor pode estar interessado em trabalhar com cenas únicas, ou pelo contrário, com cenas múltiplas, em que interpreta mais, ou compartilha mais; pode interessar-se pelo resgate de figuras internas ou por cenas ausentes.

Outra interferência da subjetividade aparece nas cenas temidas pelo diretor, que podem levá-lo a evitar essas cenas ou a escolhê-las para resolvê-las por meio do protagonista. Em ambos os casos o diretor estaria, sem o saber, dirigindo seu próprio psicodrama.

Finalmente, Sérgio propõe que se imagine um protagonista dirigido ao mesmo tempo por diferentes psicodramistas, e imagina que poderiam montar cenas diferentes ou

---

1. Apresentado no X Congresso Brasileiro de Psicodrama, 1996.

semelhantes, com o mesmo conteúdo do discurso, com desenlaces diferentes e diferentes análises e compartilhamentos.

Assim, o protagonista poderia vivenciar, dependendo do diretor, da mais delicada ternura ao ódio avassalador, da análise mais racional à catarse de integração. Essa cena imaginada por Sérgio, que é também minha cena, vem-me preocupando há muito tempo. Poderia acrescentar que foi um dos motivos que me aproximaram do psicodrama, quando buscava uma ferramenta que excluísse a interpretação.

Para ao final chegar às mesmas conclusões: não há uma objetividade capaz de constituir-se em alvo da alma do protagonista. Aceitar a inevitabilidade da interferência, no processo terapêutico, da subjetividade do psicodramista ou qualquer outro terapeuta.

Diante da primeira conclusão, vem em meu auxílio o título de um livro de Watzlawick, *Es real la realidad?*, pergunta que encobre uma afirmação: não há uma realidade real. A realidade é uma construção que começa como uma projeção da realidade interna. Esse tipo de construção projetiva, que nos acompanha toda a vida, é o narcisismo.

A segunda conclusão, a inevitabilidade da interferência da subjetividade no processo, me leva a pensar a respeito da origem da subjetividade e também me conduz ao narcisismo.

O narcisismo está magnificamente plantado na teoria psicodramática, na concepção evolutiva de Moreno da matriz de identidade, quando nos fala do primeiro universo de identidade total. Aparece também nos três primeiros passos da aprendizagem afetiva do papel e se materializa na concepção das técnicas do dublê e do espelho.

O narcisismo aparece assim como sede ou origem da subjetividade. Não estou afirmando que toda subjetividade seja narcisista, somente que começa sendo.

Pretendo, neste texto, uma aproximação a um tema tão complexo e apaixonante como é o narcisismo e sua relação com o psicodrama.

Na construção de nosso ser, que sustenta nossa subjetividade, o narcisismo aparece como parte de uma resposta a nossa desorientação na busca de amor. Assim como Narciso, que, apesar de sua beleza, está num permanente anseio, finalmente encontra numa fonte uma bela imagem, da qual se enamora, sem perceber que é uma imagem criada por sua necessidade, e acaba morrendo por não poder se desprender dela.

Na construção do ser do sujeito, dentro da matriz de identidade total, se busca um modelo que aparece como ideal, que completa a pessoa e a faz ser. Por alguma razão, Moreno chama a mãe de ego-auxiliar, e não assistente, por exemplo, porque é um eu que é parte de meu eu e me faz ser.

Essas primeiras vivências de completude, que Moreno chama de identidade, para diferenciá-las das vivências da identificação (posteriores), são as identificações primárias de Freud e são identificações do ser, diferentemente das identificações secundárias que são identificações do ter e que aparecem depois de instalada a brecha entre fantasia e realidade, quando podemos falar do segundo universo ou de inversão da identidade.

Para não entrar nas complexidades embutidas na questão de qual é o motor da busca, se a espontaneidade ou a libido, limitemo-nos ao fato de que há necessidade de se construir uma identidade e que esta é construída a partir de modelos que nos fazem ser, mas que basicamente são produzidos a partir de nosso desejo, como Narciso ante sua imagem na fonte. Assim, o mundo que construímos dentro da matriz de identidade total é a imagem e semelhança de nossas necessidades. No melhor dos casos, isso acontece quando pode ser confirmado por nosso auxiliar.

Dessa maneira, essa identidade que nos faz ser, que alimenta nossa subjetividade, antes de poder começar com as identificações, ocupa um longo período de nossa vida. Como diz Moreno, leva um bom tempo até que o sujeito possa inverter papéis com seu auxiliar. Esse longo período é o do narcisismo, quando o mundo é o que imaginamos e nós somos o ideal. Não sendo ele confirmado, é vivido como um ataque ao ser, e para poder sustentar-se precisa criar papéis imaginários, aqueles que ainda não podem ser psicodramáticos. Depois, à medida que podemos distanciar-nos da fonte e atender a nossas necessidades em vez de nossa fascinação, deixamos de ser o ideal para passar a ter ideais, sem que nossa subjetividade sofra demais e na medida em que possa ver-se confirmada quando nos aproximamos desses ideais, herdeiros daquele que fomos e nos permita sentir-nos amados.

Para terminar e ir arredondando, já que me propus a uma aproximação, aquele ego ideal é o da identidade e o ego narcisista não é o que surge dos papéis. Ele é os papéis. O ego que surge dos papéis é o das identificações. É o ego que se pode representar no *role-playing* e nos papéis psicodramáticos e sociais. É o ego que no máximo pode ser neurótico. O ego do psicótico, o do perverso, do psicopata é outro. É um ego que tenta instalar os papéis imaginários no exterior, ou que atua como se estivessem instalados fora. Esse é o ego da identidade total, o ego narcisista. É o ego que se faz presente no capítulo de Sérgio sobre a paciente Ana, que constrói a realidade em razão de uma carência e que instala a loucura na reunião final descrita nesse capítulo, porque todos temos porções dele.

Por outro lado, esse ego da identidade total, além de ser origem da subjetividade, é origem da criatividade, na medida em que permanece na busca de formas renováveis de expressão.

Resumindo, diria que a subjetividade se alimenta da identidade, da experiência de universo unificado que nos faz sermos sujeito ideal para, num permanente processo de criação, passar a ter ideais com os quais tentaremos voltar a fundir-nos.

As etapas do dublê e do espelho nos preparam para esse sacrifício da subjetividade narcisista, que é a troca de papéis, que nos permite acessar uma subjetividade mais compreensiva.

A intuição de Moreno, registrada em seu poema e que se constitui na regra de ouro de sua proposta terapêutica, aponta para um "desnarcisar" o imaginário. Digo aponta no sentido de um anseio, porque não creio que seja possível seguir vendo o outro se os olhos estão arrancados.

De qualquer maneira, é uma proposta mais esperançosa que a de Freud, que toma como modelo Édipo, que se arranca os olhos e fica cego.

Essa esperança é a que nos anima, os psicodramistas, a sustentar a ilusão de poder chegar a ver o outro com os olhos dele.

Considero também que o que anima a proposta psicodramática é apostar na co-criação co-inconsciente, que possibilita desvelar o projeto psicodramático latente, do qual ambos são partícipes, cada qual com sua própria subjetividade. Sabemos disso porque cada dramatização nos faz um pouco menos loucos. Por sorte, nunca totalmente lúcidos.

Referências bibliográficas

Maldavsky, D. *Procesos y estructuras vinculares*. Buenos Aires, Nueva Visión, 1991.

Moreno, J. L. *Psicodrama*. Buenos Aires, Horme, 1972.

Perazzo, S. *Ainda e sempre psicodrama*. São Paulo, Ágora, 1994.

6

Narcisismo –
Primeiro Universo[1]

Diz Jéssica Benjamin, na introdução de um livro recentemente publicado (1997): "A posição da qual escrevo (...) se situa no contexto de uma tensão entre as disciplinas da psicanálise e da teoria feminista. Essa relação se caracteriza não só pela inimizade histórica, mas também pelas direções divergentes do discurso". Mais adiante acrescenta: "Durante algum tempo elas têm conversado em minha mente e grande parte do que tenho escrito é o resultado desse diálogo".

Reproduzo o parágrafo acima por me sentir representado nesse pensamento. Durante muito tempo o psicodrama e a psicanálise têm conversado em minha mente, e o que faço, o modo como trabalho, é em grande parte resultado desse diálogo.

Curiosamente, também essas disciplinas, ao menos em algumas latitudes, se têm caracterizado por uma "inimizade histórica", iniciada nas origens pelo criador do psicodrama. Todavia, e como em muitas situações de polarização, quando aprofundadas mostram uma fértil complementaridade.

---

1. Publicado em *The International Forum of Group Psychotherapy*. Vol. 8, nº 1, 2000.

A conversação em minha mente, a que me refiro, foi acontecendo, no meu caso, estimulada pela prática clínica.

Terminada minha formação de médico, comecei a de psicoterapeuta. Por razões históricas e de situação geográfica – a Argentina de meados dos anos 60 e começo dos 70 –, essa formação foi em psicanálise, na linha kleiniana, pois era a "verdade" nesse momento em meu país.

Pouco depois, devido ao meu interesse pela prática de psicoterapia com crianças, por um lado, e à minha relação com meu terapeuta e orientador, por outro (Dalmiro Bustos se interessava pelo psicodrama), comecei minha formação em psicodrama.

Devo dizer que no começo, antes da conversação, o intuito de me aprofundar nessas linhas desencadeava em minha mente violentas discussões, com alternativas de identificação com uma ou outra. Algo similar era visto no consultório, com filhos de pais separados.

Era precisamente no consultório, na prática clínica e no trabalho com crianças, que essas discussões desapareciam. As crianças dramatizavam seus "vínculos" com os "objetos internos" na "transferência" e na "relação télica", alheias a minhas reflexões teóricas.

Mais adiante pude elucidar parte dessa problemática, num trabalho apresentado em um congresso da Federação Brasileira de Psicodrama, no Rio de Janeiro. O tema do painel era "O foco do psicodrama: o relacional ou o intrapsíquico". Nesse trabalho, com o material clínico de um jovem que havia tentado suicídio ao fracassar num vínculo passional, convoquei os dois mestres, Freud e Moreno, para que me ajudassem a tratá-lo, fazendo minha própria dramatização interna, que apresentei no trabalho.

Devo reconhecer que, além das crianças no consultório, outra feliz circunstância me ajudou a converter a discussão em diálogo.

No final da década de 1970, fui convidado por uma instituição que na época era dirigida pelo dr. Fonseca, para dar um curso de psicodrama com crianças na cidade de São

Paulo. A possibilidade de trabalhar com profissionais que tinham uma boa e definida formação psicodramática estimulou esse diálogo com benefícios recíprocos.

Em São Paulo, trabalhando com psicodramistas aos quais transmitia minha forma de trabalho com psicodrama e conteúdos kleinianos, me convertia em um psicanalista entre psicodramistas, e na Argentina, ao trabalhar com psicodrama num ambiente de tradição psicanalítica, era um psicodramista entre psicanalistas.

Há muito tempo que, por vários motivos, talvez, entre outros, de psicologia evolutiva, deixei de trabalhar com crianças, pelo menos crianças em idade, pois continuo trabalhando com as crianças psicodramáticas dos pacientes adultos.

As alternativas dessa "inimizade histórica" se foram matizando cada vez mais dentro de mim, e sempre a resposta e a possibilidade de diálogo vêm sendo estimuladas pelos pacientes que associam ou dramatizam, aliviando minhas contradições.

Pacientes que vivem, sofrem e são influenciados também pelas mudanças culturais e sociais, como esclareço mais adiante, que com seus conflitos vão se aproximando do narcisismo do primeiro universo.

Em 1990 eu propunha que o foco do psicodrama não está no relacional ou no intrapsíquico mas no intersubjetivo, conceito muito atual.

Nesse espaço "inter" ou "entre" são gerados os "co": co-criação, co-inconsciente, co-existência.

Como veremos, não estou sozinho nas discussões que podem contribuir para o diálogo. Freud discutiu com Jung e com outros. Moreno discutiu com Freud e com quase todos e ambos, eminentemente clínicos, encontraram respostas em seus pacientes.

É em relação ao olhar sobre grande parte das patologias da atualidade ligadas à subjetividade que necessitamos analisar a fundo o primeiro universo ou a versão psicanalítica, que é o narcisismo.

A proposta

Vale a pena lembrar que tanto Freud como Moreno foram como que pressionados a refletir sobre essa fase do desenvolvimento, em momentos equivalentes do desenvolvimento de suas obras. Refiro-me ao fato de que tanto um como outro haviam feito, até esse momento, importantes contribuições; haviam definido seu campo de trabalho e acumulado vasta experiência.

Em 1912, C. Jung, que trabalhava com Bleuler na Suíça, com patologias diferentes daquelas dos pacientes que Freud majoritariamente atendia, escreveu que a teoria da libido havia fracassado na explicação da esquizofrenia. A teoria das pulsões proposta por Freud naquele momento opunha as pulsões sexuais (libido) às pulsões do ego (autoconservação). Como conseqüência, o desenvolvimento da libido passava do auto-erotismo à investidura do objeto, sem a etapa de investidura do ego, isto é, do narcisismo, que, segundo se pensava, era o ponto de fixação da esquizofrenia.

Freud, sem explicitá-lo, tampouco estava bem convencido dessa oposição das pulsões, mas não conseguia substituí-las e respondia a Jung: "Outra coisa seria, certamente, se fosse apresentada a prova de que a teoria da libido já fracassou, terminantemente, na explicação da enfermidade mencionada (esquizofrenia). Jung o asseverou, e com isso me forçou a fazer as pontuações anteriores, das quais de muito bom gosto me teria poupado".

Anos depois, Freud reformula sua teoria das pulsões, em *Pulsiones de Vida y Pulsión de Muerte*. Desse modo, a oposição anterior fica superada e se alinham as pulsões sexuais com as pulsões do ego, no qual há um lugar para o narcisismo no desenvolvimento libidinal. Isso ocorre quando, depois do auto-erotismo, a libido investe no ego.

De certo modo, terminou dando razão a Jung, pois na primeira teoria não havia como explicar a esquizofrenia e as chamadas patologias narcisistas.

Por sua vez, Moreno trabalhava com outro conceito de energia psíquica. Com sua forma de relacionar-se com muita gente, com grupos, propôs, a respeito da forma como funcionam os vínculos, um universo aberto e uma energia livre, a espontaneidade, que deve ser liberada para poder criar.

Do mesmo modo que Freud estava convencido da verdade das pulsões como energia psíquica, mesmo tendo de reformular a oposição a elas, Moreno estava convencido da verdade da espontaneidade e precisava dar-lhe um lugar no desenvolvimento. Escreve: "A estrutura teórica de toda ciência empírica necessita, de tempos em tempos, de uma conscienciosa revisão. É necessário, por exemplo, uma teoria da personalidade e, especialmente, uma teoria do desenvolvimento infantil, que estejam mais de acordo com as dimensões do estudo a que se dedica um número cada vez maior de psicólogos da infância, psicólogos sociais, psicanalistas e terapeutas".

É interessante notar que tanto o narcisismo como a matriz de identidade não se integram facilmente ao restante de suas obras. Moreno retoma o tema fugazmente em *Psicoterapia de Grupo y Psicodrama*, e Freud volta a ele vários anos depois, em *El Yo y el Ello*, e mais tarde em outras reformulações.

Estamos, então, diante de um tema árduo e difícil, e certamente central. Digo "central" pensando nas consultas próprias das patologias atuais (drogadição, transtornos de identidade, vazio existencial) que têm pressionado a aprofundar e a ampliar nossas hipóteses.

Nosso mundo atual é diferente do que eles viveram, talvez porque eles viveram e propuseram o que propuseram. O foco está hoje na subjetividade. Talvez seja mais preciso falar da atual subjetividade, porque também Moreno e Freud se ocuparam em seu momento da subjetividade, ainda que não a tenham chamado assim. Tanto um como outro imaginavam que, resolvida a repressão (Freud) ou liberada a espontaneidade (Moreno), se chegaria a uma subjetividade sem conflitos, com mais felicidade.

Nós, que herdamos esse legado, deparamos com outras angústias. Assim, uma pessoa com vários anos de psicoterapia psicodramática e alguns de psicanálise disse: "Sempre senti que havia algo, como uma realidade que não se encaixava, depois das dramatizações ou das interpretações. Uma certeza ou uma incerteza que ia mais além". Outra pessoa disse: "Há perguntas sobre mim que não consigo ou não me animo a responder".

Surge um "mais além" ao qual temos de dar respostas, ampliando a teoria. Encontramos outro interlocutor nesse diálogo, Kohut, que nos fala de uma subjetividade mais próxima. Colocando o foco no narcisismo, ele nos diz que a problemática do homem atual já não é tanto a do homem culpável (edipiano) mas sim a do homem trágico. A angústia predominante não é a de castração, mas sim a de desintegração.

A subjetividade, atualmente, está menos relacionada com fantasias incestuosas (angústia de castração) próprias das famílias numerosas e aglutinadas do início do século e mais com sentimentos de abandono, instabilidade, ausência de um dos progenitores (angústia de desintegração) próprios de famílias monoparentais.

Moreno tem algo a dizer com relação a esse tempo, que é o fundamento da subjetividade. "A primeira grande fase da existência humana, que se estende ao longo de quase três anos, parece pertencer a um domínio, a um mundo próprio. Possui características muito diferentes dos tipos de experiência que a criança tem depois que o passado e o futuro começam a adquirir uma forma específica. Parece ser um conceito útil, portanto, a consideração do primeiro universo como uma etapa especial da vida, tal como a infância, a adolescência, a idade adulta e a velhice."

Faço essa citação extensa para uma melhor contextualização, mas privilegio o trecho que diz: "é útil a consideração do primeiro universo como uma etapa especial da vida". Podemos iluminar melhor esse primeiro universo, em que encontramos a matriz de identidade, se nos apoiarmos também nos conceitos de Kohut, que nos fala do *self*-grandioso e do objeto parental idealizado, como um modo melhor de personificar a matriz de identidade que aparece na relação terapêutica. Certas dinâmicas, nessa "fase especial", são entendidas mais facilmente com conceitos do desenvolvimento egóico freudiano, como o ego real primitivo e em especial o ego de puro prazer, pois é o que mais sofre com os avatares do narcisismo.

Agora, avancemos um pouco e vejamos como nossos autores imaginaram que se sai desse primeiro universo. Moreno nos disse: "A matriz de identidade se dissolve gradualmente à medida que a criança se torna mais autônoma, ou seja, desenvolve um certo grau de iniciativa em uma função, depois em outra, tais como a alimentação, a eliminação[...]". Também nos disse: "A matriz de identidade é a placenta social da criança, o *locus* no qual se estabelece, e que lhe dá segurança, orientação e guia". Moreno nos aponta para os vínculos, para o sociométrico. Não nos esclarece bem outro aspecto, o psicológico: como são vividos esses vínculos, como são vividos esses papéis.

Talvez o desenvolvimento de certo grau de iniciativa em uma função após outra permita adquiri-la, mas muito freqüentemente com um sentimento de irrealidade, falta de vitalidade e inconsistência, ou seja, um falso-*self*. Isso é o que aparece nos consultórios sob forma de superadaptação, vertigem, estimulantes. Na verdade, recursos para se sentirem vivos. Não é por acaso que o termo da moda seja "adrenalina", a droga que se utiliza em paradas cardíacas.

Por outro lado, a saída proposta por Freud, pelo menos na primeira fase, de um superego como instância censora e crítica, nos deixa bastante desamparados e nos fecha na inibição, na dúvida obsessiva e na conserva.

Vamos mergulhar novamente no primeiro universo, essa "fase especial", iluminados agora pelas contribuições que citei. Kohut assinala que, se o que Moreno chama a "placenta social" não foi adequado, aquelas construções da subjetividade – o *self*-grandioso e o objeto parental idealizado – não se perdem, apenas se retraem à espera de uma nova oportunidade.

Para abordar essa nova oportunidade podemos valer-nos dos conceitos de Moreno sobre matriz de identidade. Moreno propõe que as características da matriz de identidade são a co-existência, a co-ação e a co-experiência. Elas são dadas pela complementaridade proporcionada pelo ego-auxiliar. "A uma extensão do próprio ego, necessária para viver adequadamente e que deve ser provida por uma pessoa substituta, chamamos ego-auxiliar."

Para revitalizar aqueles objetos do *self*, colocamo-nos como ego-auxiliar, para, por meio da co-existência, da co-experiência e da co-ação, chegar à co-criação. Dizia uma paciente: "Há um tempo, creio que como conseqüência da terapia, fico espantada de ver como têm sido minhas aprendizagens. Como aprendi a relacionar-me com a comida, como aprendi sobre sexo, como aprendi aquilo que não consigo controlar e que me angustia". Penso comigo que talvez estejamos num processo de co-criação de uma nova oportunidade.

Kohut pensa que, se conseguimos recriar a matriz de identidade em condições favoráveis (não o disse com esses termos, ele fala de empatia e introspecção), há uma tendência natural para a saúde. Isso não é muito diferente do que nos disse Moreno sobre "resgatar o gênio". Esse gênio habita no primeiro universo, ou se quisermos, no narcisismo, uma de cujas transformações, para Kohut, é a sabedoria.

Moreno disse que não é possível um reservatório de espontaneidade; é verdade. Creio que é possível que exista um reservatório de criatividade, que se encontra no primeiro universo – isto é, no narcisismo – quando conseguimos dar-lhe condições favoráveis para a transformação.

Referências bibliográficas

Benjamin, J. *Sujetos Iguales, Objetos de Amor*. México, Paidós, 1997.

Freud, S. *Introducción del Narcisismo*. Obras Completas, Vol. XIV. Buenos Aires, Amorrortu, 1995.

Moreno, J. L. *El Psicodrama*. 2ª ed. Buenos Aires, Editorial Hormé, 1972.

Um Lugar Articulador:

A Supervisão

7

Supervisão em Grupo com Técnicas Dramáticas[1]

Carlos Calvente (coord.)
Ernesto Simone, Patricia Maestri,
Maria J. Basterrechea e Nidia Ratto

Pretendemos, com esta proposta, mostrar nosso trabalho de supervisão em grupo com técnicas de dramatização. Interessa-nos examinar a formulação do papel do terapeuta e o porquê e para que da supervisão. Para isso, utilizamos nossa experiência com um grupo específico, durante um período de tempo limitado. O grupo é composto por quatro integrantes no papel de supervisionandos e um supervisor. Os quatro integrantes têm mais de cinco anos de experiência como terapeutas e todos tiveram supervisão individual e em grupo anteriormente; três deles fizeram supervisão individual com o atual supervisor. As sessões de supervisão se realizam semanalmente, por um hora. Dessa forma, cada integrante trabalha seu material uma vez por mês.

O período que escolhemos para nosso trabalho foi de dezoito meses, a partir de julho de 1985 até dezembro de 1986. Esse período foi escolhido em razão da constância dos

---

1. Publicado em *El Campo de las Terapias*, Ano 1, n. 2, dezembro 1991–fevereiro 1992, Buenos Aires.

integrantes, em número e identidade, e da estabilidade e produtividade do grupo.

O número de sessões supervisionadas foi de 76, com uma média de dezoito a vinte sessões para cada integrante, o que nos pareceu um número significativo, sem ser excessivo.

Para a tarefa de elaboração da experiência, o mesmo grupo de supervisão se constituiu em grupo de investigação. O supervisor passou a ser coordenador. Resultou que, para fins de aprendizagem, foi tão útil a tarefa de investigação como a de supervisão. O grupo passou a ter duas atividades paralelas: além das reuniões habituais de supervisão, se fixaram novos horários – quinzenais – para o trabalho de investigação.

Metodologia e organização da tarefa

Como surgiu esse trabalho? Tendo em conta a teoria da dinâmica de grupo, sabemos que em todo grupo existem dois níveis dinâmicos, um manifesto e outro latente. O manifesto está nas tarefas, no objetivo para o qual se reúne; nesse caso, a supervisão. O melhor ou pior cumprimento do objetivo acontece em razão das alternativas da dinâmica do nível latente.

Essas alternativas podem resumir-se esquematicamente em:

- alternativa de constituição do grupo;
- alternativa da continuidade do grupo.

Alcançada a continuidade, surge a estabilidade, com a qual o grupo atinge seu melhor nível de produtividade em relação ao objetivo.

Para manter essa dinâmica, deve-se atender tanto a um como a outro de seus níveis. Uma forma de consegui-lo consiste em centrar-se periodicamente – duas vezes por ano, por exemplo – na avaliação da presença e pertença de cada um no grupo.

A idéia desse trabalho surge num desses momentos. Cada integrante, incluído o supervisor, avalia e é avaliado em seu aproveitamento, participação e disponibilidade para a tarefa. Como corolário dessa avaliação de fim de ano, surge certa insatisfação, uma necessidade de algo mais. Aparecem, então, propostas: mudar a técnica e o enfoque da supervisão, privilegiar determinados aspectos e estudar. Finalmente, torna-se consensual o investigar em que consiste e qual é o aproveitamento da supervisão.

Conseguido o consenso em torno dessa idéia, percebe-se a revitalização do objetivo e surge nova disponibilidade, que é um bom índice de agilidade da dinâmica grupal.

Planejamos a tarefa atendendo a dois aspectos:

- consultar a bibliografia sobre supervisão;
- aproveitar nossa experiência.

Para o primeiro ponto, dividimos entre nós a leitura sobre teoria e técnica da supervisão. Para o segundo ponto, elaboramos um questionário que orientasse e tornasse transmissível a experiência vivencial da supervisão.

Elaboração

Mencionaremos, em primeiro lugar, a bibliografia. Observamos que esta não é muito abundante. Além disso, encontramos posicionamentos muito diferentes, desde aqueles que colocam a supervisão como requisito obrigatório para o acesso à especialidade, até aqueles que negam todo seu valor. Durante muito tempo se falou de "controle" em lugar de supervisão.

Quando Grinberg define os elementos que intervêm na supervisão, faz referência a quatro: supervisor, supervisionando, paciente e instituição na qual se insere ou à qual responde a prática da supervisão. É, segundo entendemos, nesse quarto elemento que nos aproximamos mais do controle do que da supervisão.

Como atitude reativa, nossa leitura é: no controle não se cogita de nenhuma aprendizagem, de nenhum ensinamento, tratando-se antes de reconhecimento. Ali um analista pede para ser reconhecido, pede um testemunho de sua autorização.

Por que essa disparidade? É a supervisão um elemento idôneo para a aprendizagem? Nossa impressão é de que as respostas a essas perguntas em um ou outro sentido estão mais ligadas à ideologia do que à validade clínica. Efetivamente, na instituição, a supervisão pode ser usada como elemento de controle e doutrinação do aspirante. Por outro lado, se complementa com a necessidade do terapeuta principiante que busca mais controle que supervisão.

O trabalho do psicoterapeuta é um trabalho artesanal e como tal deve ser aprendido no ateliê, ao lado de uma ou várias pessoas de mais experiência, em que não podem existir regras fixas do tipo "ante tal sintoma, tal abordagem".

Pensamos, além disso, que, nessa forma especial de artesanato que é a psicoterapia, a ferramenta é o próprio artesão. Da mesma forma que este cuida das ferramentas e as mantém limpas e nas melhores condições, o terapeuta o faz por sua análise pessoal, de sua formação e, em especial, se faz hábil ajudado pela supervisão. Para esta última, entendemos que o grupo com técnicas dramáticas é um dos elementos privilegiados.

Passemos agora ao segundo aspecto proposto: o aproveitamento de nossa experiência. Como dissemos mais acima, elaboramos um questionário para orientar essa experiência.

Material

Experiência da permanência em supervisão durante um ano e meio, elaborada a partir das respostas às seguintes perguntas (as respostas foram ordenadas pelo critério de maior a menor incidência):

1. Que tipo de supervisor escolhe? Explicitar que particularidades foram levadas em conta.
   Respaldo teórico
   Figura não diretiva, que permita a reflexão e o questionamento
   Não persecutória
   Manejo de técnica psicodramática
   Esquema referencial amplo
   Inteligência
2. Que pacientes são levados à supervisão neste grupo? O que se privilegia? (Mal-estar do terapeuta em relação a esse paciente, importância do conflito, outros.)
   Mal-estar contratransferencial
   Transtornos severos na psicopatologia
   Ineficácia da função do psicoterapeuta
   Questões de abordagem
   Mal-estar transferencial
   Ausências reiteradas
   Emergências
   Sensação de "perder o paciente"
3. Que dados foram levados em conta para deixar de supervisionar?
   Vínculo psicoterapêutico relaxado, com indicadores de que o processo está em andamento
   Maior produção do paciente
   Capacidade de insight
   Gratificação pessoal no trabalho
   Progressos na vida do paciente
4. Que tempo de terapia têm os pacientes que são supervisionados?
   De 3 meses a 1 ano
   2 meses a 3 anos
   1 a 2 meses
5. O que muda no posicionamento, na primeira sessão após a supervisão?
   Diminuição da ansiedade do terapeuta
   Segurança no papel

Maior clareza
Sensação de liberdade
Modificação de vínculo
Melhora da escuta
6. Essa mudança, se existe, é registrada e expressa também pelo paciente?
   Com muita freqüência
   Evidencia-se nas associações e na diminuição da resistência
7. Como são vividas as observações do supervisor? São esperadas? São temidas?
   Do supervisor:
   Esperadas e vividas como tranqüilização
   Temidas
   Do grupo:
   Consideradas e avaliadas
   Esperadas
8. De que necessita, em geral, na supervisão? O que se refere aos conceitos psicopatológicos, o que se refere ao vínculo (transferência – aqui e agora), o que se refere ao manejo técnico.
   O vínculo com o paciente
   Questões transferenciais
   Clareza diagnóstica
9. Que abordagem facilita a compreensão: *role-playing* ou discussão em grupo?
   Role-playing
   Ambas
10. Existe algum ponto comum entre os pacientes levados a supervisão? Qual? Em que se nota mais isso: no como se sente ou na problemática?
    A relação se manifesta mais nas problemáticas que apresentam e são selecionadas as seguintes:
    Pacientes novos
    Motivo de consulta incerto
    Maior consciência de enfermidade
    Diferentes quadros clínicos, privilegiando a severidade deles.

Conclusões

Uma das primeiras conclusões que se nos impuseram foi a mudança de atitude diante da tarefa. Notamos que surgiu maior interesse nos conteúdos contratransferenciais da relação. A interrogação passou a ser mais do tipo "O que acontece comigo, com este paciente?" do que "O que se passa com este paciente?".

Em segundo lugar, aparece um maior interesse pelo projeto do outro e a proposta de respeitá-lo e entendê-lo, ajudando-o a descobri-lo. Com relação ao grupo de supervisão, percepção de depósitos transferenciais do tipo "vou aborrecê-los", "vão me matar se trago isso de novo", "essa barbaridade não posso compartilhar".

Também, em relação ao grupo, a partir do supervisor, se percebe um afrouxamento da rivalidade, maior participação e discordância. Isso se observa em um posicionamento menos controlado durante a tarefa, com menos silêncios, participação espontânea, maior espontaneidade no *role-playing*.

A partir daí se percebe que, ao usar o grupo como instrumento de investigação, se consegue um ambiente que serve como caixa de ressonância dos conteúdos inconscientes do material a supervisionar. Em algumas ocasiões, pudemos ver como se reproduz, na supervisão, o conflito da situação terapêutica, na qual o supervisionando se identifica com o paciente e o grupo repete, no papel de terapeuta, o conteúdo da sessão não resolvida.

Exemplo

O material foi trazido por um dos integrantes. É o caso de Maria. O terapeuta conta que a paciente não tem um motivo especial, mas sente que algo não anda bem. Há dois anos está em terapia e tem evoluído bem, mas percebe que há aspectos básicos que não se modificam, que se refletem em uma não-valorização das coisas que consegue, dificuldade para defendê-las, permanente atitude de desvalorização. Mostra-se muito suscetível quando lhe são assinaladas essas características de temperamento ou se faz referência ao fato de que há aspectos que não aborda. Recebe como uma acusação e se mostra magoada com o terapeuta.

Nesse ponto, se propõe ao terapeuta um trabalho dramático em que se pede que mostre qual é sua fantasia acerca da estrutura interna de Maria, para que depois se veja como atuar sobre ela.

Aquece-se e monta, com almofadas, o seguinte esquema:

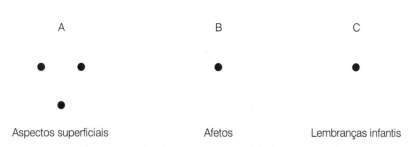

O supervisor pede ao terapeuta que inverta papéis com a parte A. Essas três almofadas representam: duas delas sua inteligência e seu desempenho profissional, e a outra uma atitude depreciativa a esse respeito. Assim foram denominadas cada uma das almofadas. Quando o terapeuta se relaciona com elas a partir desse papel, as três parecem fundir-se na terceira almofada, que expressa a parte depreciativa a respeito de suas conquistas. No solilóquio, sintetiza inteligência e desempenho profissional num só aspecto, eliminando uma das três almofadas.

Depois troca de papel com a parte B e mostra uma atitude de retraimento; lembramos que esta representa os afetos. Troca de papel com a parte C, que representa as lembranças infantis, e aqui mostra uma atitude francamente defensiva.

Propõe-se em seguida ao terapeuta que troque as almofadas por pessoas, para que se consiga dinamismo na dramatização.

Ao substituir a parte A, coloca duas pessoas. Esta é a parte que representa o comportamento manifesto e a que se havia fundido em uma só, mostrando a atitude depreciativa. O supervisor, apoiado pelo restante do grupo, sugere que coloque só uma pessoa, já que não parece ser necessário assinalar a diferenciação e também porque possibilitaria substituir os outros dois aspectos também por pessoas, visto que há três integrantes e três partes a serem substituídas. O terapeuta resiste um pouco, mas concorda. Finalmente, quando coloca cada um em uma parte, acrescenta uma almofada ao lado da pessoa que representa a parte A, para enfatizar que esse aspeto (o depreciativo) é importante e está diferenciado.

Começa a ação. O terapeuta troca de papel com A e, falando como se fosse esse aspecto de Maria, conta seus sucessos e suas atividades, mas com uma atitude suficiente e desvalorizante para consigo mesma. O terapeuta volta a seu lugar. Tenta, a partir daí, aproximar-se, faz referência aos aspectos B e C, fala, diminui a distância e aí se produz o desencontro. A almofada que está ao lado de A opera como um corpo estranho. Vai e vem, mas não é levada em conta. Fica em evidência que o conflito na relação passa por aí, por essa almofada que representa o aspecto desvalorizado e desvalorizante que confunde o terapeuta.

O que procuramos mostrar com isso foi a dinâmica que se criou na supervisão. Nossa atitude foi a de subestimar e suprimir essa almofada desde o começo, ao que o terapeuta resistia a ponto de acabar por colocá-la. O mesmo acontece na sessão de terapia. O terapeuta não assinala suficientemente que essa atitude de Maria é um aspecto autodestrutivo e o minimiza. Nós, nessa supervisão, assumimos o papel do terapeuta e ele, o de Maria.

Minimizamos sua proposta a respeito da estrutura e insistimos em que adequasse sua produção à nossa comodidade. Isso é o que vimos que o terapeuta pretendia de Maria, pedindo-lhe que falasse de seus afetos e suas lembranças infantis.

Nos comentários posteriores à dramatização, o terapeuta diz que agora percebe que há algo na ideologia vital de Maria que o choca, porque é muito diferente dela, e que possivelmente isso o leva a não perceber Maria mais claramente.

A possibilidade que nos ofereceu a dramatização, de ler essa dinâmica no aqui-e-agora, clareou a transferência que acontecia lá fora.

O papel complementar da atitude de Maria é um sádico, característica dos parceiros e das relações de Maria. O terapeuta não assume esse papel, mas se paralisa, para não cair nele. Nosso comportamento, ao forçá-lo a reformular a imagem que havia montado, é uma atitude de desconsideração para com ele, ou seja, sádica.

Referências bibliográficas

Chamarro, J. *La institución del control psicoanalítico. Escaución analítica I*. Actas de la reunión sobre la enseñanza de Lacan y el Psicoanálisis en América Latina. Editorial Ateneo de Caracas, 1983, p. 67.

Grimberg, L. *La supervisión psicoanalítica*. Buenos Aires, Editorial Paidós, 1975.

Jinkis, J. "El control es contingente, la supervisión es necesaria, el análisis es imposible". *Revista Imago*, nº 8, setembro 1979.

8

Grupos de Supervisão – Terapia do Papel[1]

Desde o começo de minha atuação em psicoterapia, há bastante tempo, tenho participado da coordenação de grupos terapêuticos em diferentes papéis, como ego-auxiliar (algo parecido com um observador participante), depois como co-terapeuta e, finalmente, como terapeuta. Antes disso, havia participado como integrante. Ao longo desse tempo, tenho acompanhado alternativas de trabalho com pequenos grupos (até dez ou doze integrantes), nas quais estes têm tido maior ou menor importância. A indicação e a utilidade do grupo são diferentes daquelas da psicoterapia individual e não são substituíveis, mas há lugares, como as instituições, em que o grupo terapêutico é eletivo.

Acredito que a ocorrência do trabalho com grupos, assim como sua importância, obedece a vários motivos. Penso, entre outros, na complexa e difícil coordenação, penso no imaginário histórico-social, penso enfim na ideologia a respeito de saúde-enfermidade, necessária para o trabalho com grupos.

Nos tempos atuais, o trabalho com pequenos grupos não parece estar em seu melhor momento. Além da psicote-

---

1. Artigo publicado na revista *Actualidad Psicológica*, ano XX, nº 221, "Los Grupos. Problemáticas actuales", junho 1995, por ocasião do Congresso Internacional da IAGP realizado em agosto desse ano.

rapia, tenho usado os grupos para reflexão, estudo e supervisão. É precisamente ao grupo de supervisão que vou me referir, como um articulador entre teoria, prática e terapia, naquilo que chamo de terapia do papel.

Terapia do papel na supervisão

O conceito de terapia do papel tem alguma semelhança com o de psicanálise didática. Ambos abordam os conflitos que surgem na prática do papel de terapeuta. A diferença passa pelo referencial teórico-técnico com o qual cada um opera: psicanálise ou psicodrama.

Podemos enquadrar a terapia do papel no contexto da supervisão e esta como parte da aprendizagem do papel de terapeuta.

O trabalho de terapeuta é um trabalho insalubre. Manipula-se com material muito delicado e é muito difícil não se contaminar. São precisamente essas atuações desastradas, quando bem processadas, os lugares mais fecundos para a aprendizagem e o *insight*. Não resta dúvida, a supervisão passa especialmente pela contratransferência. Moreno a chama de transferência do terapeuta.

Em minha experiência de aprendizagem e de ensino, na supervisão, percebi que abordava o material como um pré-texto para o desenvolvimento do conceitual psicopatológico ou como um pré-texto da técnica. Em ambos os casos ficava relegada, ou quase, a vivência. Não obstante, ela tem um lugar importante, ou deveria tê-lo, durante a prática, porque é onde se une o complexo transferência–contratransferência, base do vínculo terapêutico.

O psicodrama é o instrumento mais adequado que encontrei para integrar na supervisão o aspecto vivencial.

Desenvolvido por J. L. Moreno a partir de 1920, primeiro em Viena e depois nos Estados Unidos, o psicodrama faz parte de uma conceituação mais ampla: a sociometria. Esta se refere ao estudo dos vínculos em grupo. Moreno foi quem deu o nome à psicoterapia de grupo, na década de 1930, e foi fundador da Internacional de Grupos, a IAGP.*

No grupo de supervisão com técnicas de dramatização, podemos recriar as situações-problema e detectar as cenas pessoais que interferem no trabalho terapêutico. Trabalhamos assim na terapia do papel.

Exemplos

Vejamos alguns exemplos. O grupo ao qual vou me referir funciona no Brasil. É composto por dez integrantes, reúne-se cada mês e meio a dois meses, durante três horas. Funciona com os mesmos integrantes desde outubro de 1990. Os membros trabalham ou trabalharam com grupos, todos têm experiência na prática de psiquiatria e psicoterapia e têm formação em psicodrama.

A dinâmica de trabalho é a seguinte: começamos lendo o histórico da reunião anterior feito por um dos membros. Trabalhamos as perguntas que surgem e clareamos aspectos teóricos ou técnicos; passamos depois a um trabalho de aquecimento para detectar os interesses emergentes e daí partimos para trabalhar com todo o grupo em algum tema de interesse comum ou com um integrante que é consagrado como emergente protagônico. Esta é a situação do primeiro exemplo que quero mostrar.

Cada participante expõe uma preocupação. Como não podemos trabalhar todas, Alicia é escolhida e aceita ser protagonista. Seu conflito se resume no fato de que não tem vontade de trabalhar com grupos, mas sente que deve fazê-lo. Neste momento não está coordenando nenhum grupo.

Enquanto caminha, menciona muitas razões pelas quais é ótimo não trabalhar demais, sente-se velha, já trabalhou muito, agora quer desfrutar. Tudo soa como "quero convencer-me do que digo". Trato de precisar e pergunto se

---

* International Association of Group Psychotherapy. (N. T.)

podemos definir dois aspectos: um que quer escolher só o que gosta e outro que quer trabalhar em grupo, mesmo que isso lhe seja custoso. Responde: "Não, eu penso que não quero, mas devo".

Proponho que se monte uma cena, na qual Alicia represente dois personagens: um, argumentando por que não está trabalhando com grupos e depois outro, dando seus argumentos a respeito de por que deve fazê-lo. O restante do grupo de supervisão participa como interlocutor e vai decidir qual é mais convincente. Decide que é o que não quer trabalhar com grupos. Precisamos investigar por que não é convincente para Alicia.

Passamos à cena dois. Nesta, Alicia assume o personagem que deve trabalhar com grupos e o grupo, como interlocutor, assume o outro personagem, o que não quer, já que, depois da cena anterior, o grupo conhece os argumentos de Alicia. À medida que Alicia vai entrando nesse personagem que deveria trabalhar com grupos, fala da utilidade dessa forma de trabalho, reconhece a validade desse instrumento e como pode se aprofundar nele, mas há um interlocutor que se opõe. Isso permite conectá-la com aquela vivência e ela diz: "Não sei por que deixei de fazê-lo, ou melhor, por que deixei de trabalhar com grupos".

Proponho passar à cena três. Esta se dá no ano de 1997. Nela, está em plena atividade e entre outras coisas coordena dois grupos terapêuticos. Seu marido sofre uma gravíssima enfermidade. Alicia deve dedicar-se a ele, prioritariamente. Depois de vários meses, o esposo se recupera. Alicia retoma seu trabalho, mas aquele episódio inesperado a deixou esgotada. Decide continuar com metade de sua atividade e uma parte do que deixa é seu trabalho na coordenação de grupos. Nesta cena, Alicia se angustia: "Só de lembrar já me sinto muito mal". Terminada a cena, cada um dos integrantes compartilha o que sentiu e suas próprias vivências em momentos de decisão.

Aqui se detém nosso trabalho relacionado com a terapia do papel, nesse caso, ligada a um luto não elaborado. O fato de ter descartado algo, não por uma decisão e sim por uma imposição, fazia aparecer a falsa opção: não quero, mas devo. Talvez tenha sentido algo assim com relação ao ocupar-se da enfermidade do esposo. Tudo o que foi vivido em relação à surpreendente e grave doença do marido e ao motivo por que Alicia decidiu-se por esse árduo dever seria tema para uma terapia pessoal.

Na reunião seguinte, dois meses depois, Alicia conta que se tem sentido muito mais tranqüila com seu desejo de não trabalhar com grupos, e se satisfaz, ao menos por ora.

No trabalho com psicodrama em grupo, registram-se duas seqüências, uma que poderíamos chamar de vertical, que aparece nas cenas regressivas do protagonista, e uma seqüência horizontal, ligada à ressonância das diversas cenas do protagonista em cada um dos integrantes.

Na reunião seguinte ao trabalho com Alicia, depois de feito o processamento da reunião anterior, peço que vejamos as cenas que foram ativadas em cada um. A leitura do histórico e o trabalho de processamento operam como aquecimento para essa reunião. Proponho que se dêem um tempo, e em seguida Roberto (outro integrante) diz: "Tenho uma cena que apareceu quando Alicia trabalhava, relacionada com os grupos. É uma vivência que me acompanha desde que comecei a participar como integrante e que continuou quando passei a ser coordenador".

Peço que monte sua cena. Ele o faz, como se estivesse nela. A evocação é muito forte e ele transmite isso. É uma cena de família, num almoço de domingo. Diz: "Essa cena se repetiu durante anos". Coloca os personagens, que são assumidos pelos companheiros de grupo. A cada um dá uma palavra que define seu papel. Na cabeceira, papai, "lutador". Na outra ponta, a avó, "manipuladora" (em uma cadeira de rodas). De um lado, a mãe, "apaziguadora" e uma tia, "protetora". Entre ambas, Roberto, "neurótico". Do outro lado, o irmão mais velho, "questionador", e outro irmão, "rebelde".

Roberto é o mais novo. Conta que a comida sempre era lasanha. Começa a ação.
Irmão: Lasanha? Sempre a mesma coisa!
Avó: Está um pouquinho fria.
Irmão mais novo: Eu não quero comer.
A tia: Bom, então preparo outra coisa.
A mãe: Bem, eu faço lasanha porque é o que todos gostam.
Pai: O melhor é poder se reunir em família, compensa todo o esforço.

Roberto permanece em silêncio enquanto o restante dos companheiros-familiares recriam o clima. Peço-lhe que faça um solilóquio: "Eu me sinto como lá e é o mesmo que sinto quando estou coordenando um grupo. O clima é de bem-estar aparente, mas há muita tensão".

Pergunto qual desses papéis ele assume como coordenador. Responde: "apaziguador" (papel representado pela mãe, na cena familiar).

Passamos à cena dois. Nesta, continuam os mesmos personagens, mas como integrantes de um grupo terapêutico, e Roberto assume o papel de coordenador-apaziguador. Novamente em ação.

Agora o personagem manipulador diz: "Eu preciso que a gente mude o horário de reunião".
Personagem questionador: "Eu não posso".
Personagem batalhador: "Eu trabalho o tempo todo, não tenho outro horário".
Roberto: "Bem, não sei se é possível".

Depois, sai do papel e diz: "Sim, as coisas se esclarecem". Como não estão esclarecidas para mim, pergunto que papel gostaria de representar. Diz: "Tenho bem claros o de apaziguador e o de batalhador, mas o papel que eu temo é o de manipulador. Sinto que não consigo relacionar-me bem quando percebo alguém assim. Ou eu expulso a pessoa ou me submeto".

Para investigar o conflito com esse papel, proponho passar à cena três. É o vínculo com sua avó. Como essa já é uma cena pessoal, ela é apenas relatada. Conta que a avó está numa cadeira de rodas porque quando Roberto tinha cerca de quatro anos, era muito inquieto e durante um almoço, enquanto a avó servia a mesa, ele lhe puxou a cadeira. Quando ela foi sentar, caiu e fraturou uma vértebra lombar, o que a deixou paraplégica. Nunca sentiu que o culpassem disso, pois era muito pequeno e aquilo foi considerado uma travessura.

Sempre, como mais novo, foi protegido da avó, que, da cadeira, controlava e manipulava a família, tecendo alianças e tensões. Roberto usufruía dessas manipulações e passou a ser as pernas da avó.

Depois, nos comentários, fica mais claro seu medo de ficar à mercê de um manipulador. Foi interessante que, em reuniões posteriores, surgiram cenas ligadas ao vínculo com as avós.

No trabalho do terapeuta aparecem cenas que interferem no papel. No grupo de supervisão, um instrumento tão poderoso como o psicodrama permite, pela recriação da vivência, diagnosticá-las para um trabalho posterior.

Nossas reuniões se realizam no consultório de Roberto. Na reunião seguinte à relatada, descobrimos que num canto da sala, onde Roberto tem seu escritório, há uma foto familiar, em que ele, com idade de dez ou doze anos, aparece sentado entre seus pais, tendo seus irmãos atrás, de pé. Isso foi festejado pelo grupo como uma conseqüência do trabalho anterior.

Para aqueles que não estão habituados à metodologia psicodramática, esses relatos podem parecer surpreendentes. Mas um bom treinamento nessa prática, com o conhecimento de sua fundamentação, torna possível seu aproveitamento.

Como foi dito anteriormente, partimos de uma preparação para a ação: o aquecimento destinado ao surgimento da espontaneidade, que promove a união do pensar e do sentir, que evita a atuação. Daí surge a cena conflitiva, equivalente ao sintoma, e por meio dos articuladores psicodramáticos, equivalentes às associações, procuramos a cena nuclear, em que foi moldada uma matriz comportamental, que opera como defesa estereotipada.

Às vezes, para quem não está habituado a esse tipo de trabalho, surge a dúvida sobre se é supervisão ou terapia. Minha resposta é que é terapia do papel e, como conseqüência, faz parte da supervisão. Entendo que essa forma de trabalho permite o diagnóstico e, conseqüentemente, uma primeira resolução. A resolução mais acabada faz parte de um processo que requer outro enquadramento.

Referências bibliográficas

Calvente, C. F. *Supervisión com Psicodrama*. Instituto J. L. Moreno, Buenos Aires, Tese de graduação de professor-supervisor.

Moreno, J. L. *Psicoterapia de grupo e psicodrama*. México, Fondo de Cultura Económica, 1966.

9

Supervisão em Psicoterapia Psicodramática

A palavra supervisão, segundo o dicionário, tem o sentido de vigiar, inspecionar, avaliar um produto ou uma atividade. Em psicoterapia, ela tem em parte esse sentido, como não poderia deixar de ser: avaliar, inspecionar, quiçá vigiar, com o objetivo de aprendizagem.

Há muito tempo tenho me ocupado desse esse tema, a supervisão, e é interessante notar que há muito pouca coisa escrita a esse respeito. Por isso quero trazer aqui minha experiência e minhas reflexões.

Comecei pela definição etimológica, para começar de algum ponto, pois o que entendo por supervisão acabará sendo o resultado de todo o artigo. Entretanto, comecei por aí, pois, enquanto dava um curso sobre o tema, alguém disse que preferia falar de co-visão ou co-versão e não de supervisão, que tem uma conotação de poder.

Eu continuo usando "supervisão", porque entendo que o supervisor tem autoridade, e se busca isso. Poder é algo que se atribui ou se impõe, mas a autoridade se conquista. Quando se pretende manter o poder sem autoridade, se cai no autoritarismo ou no despotismo.

Isso me leva a esclarecer que, em dado momento de nossa formação e experiência, nos é útil a supervisão entre pares: esta sim seria uma co-versão. Mas ao falar de supervisão, estou me referindo a esse aspecto da aprendizagem que passa pela discussão de um material clínico particular, com alguém de mais experiência.

O lugar da supervisão

A supervisão é um lugar de aprendizagem, mas um lugar e uma aprendizagem especiais.

É um lugar especial porque está destinado ao processamento de um papel e, como tal, necessita de um enquadramento.

Diz Grinberg, referindo-se à supervisão psicanalítica: "Assim como ocorre com a experiência do tratamento psicanalítico, que requer que seja feito dentro de um enquadramento apropriado, também a situação de supervisão deve transcorrer dentro de um enquadramento específico".

Dentro desse enquadramento, levaremos em conta horários e condições apropriados para ambas as partes, a forma de trazer e apresentar o material, a periodicidade dos encontros.

É também uma aprendizagem especial porque tem a ver com a articulação entre teoria e prática. A supervisão se constitui em uma matriz de aprendizagem. Nessa matriz se articula a teoria, em termos conceituais. Ao dizer termos conceituais, refiro-me à revisão de conceitos. Diz Ana Quiroga: "O conceito é o ponto de chegada da elaboração lógica. Toma como matéria-prima a representação. Todavia, é muito mais que a representação e a palavra. O conceito é um pensamento que expressa a natureza concreta do objeto. O conceito reconstrói o objeto em sua complexidade. Dá conta dos elementos e relações que constituem esse objeto".

Como dizíamos, é um lugar de articulação da teoria, em que a função do supervisor não é oferecer essa teoria, mas sim fazer a revisão conceitual e, nesse sentido, indicar leituras que permitam aprofundar ou ampliar os conceitos à luz do material clínico que se está trabalhando.

Outro elemento nessa articulação é a técnica. Diferenciamos os recursos técnicos – silêncio, jogos dramáticos, concretização etc. – da forma de instrumentá-los. Há ocasiões em que a supervisão se limita a isso, transmitir e instrumentar técnicas.

Finalmente, o outro elemento nessa articulação é o papel do terapeuta, no qual estão todas as cenas consonantes, como conseqüência da tarefa.

Em suma, o lugar da supervisão é um lugar de articulação da revisão conceitual, da técnica e do papel do terapeuta.

Fases da supervisão

Pensando a supervisão como matriz de aprendizagem, podemos dizer que esta passa por diversas fases. Uso o conceito de matriz de aprendizagem, inspirado na elaboração que Ana Quiroga faz do conceito de Pichón-Rivière. Ana Quiroga diz: "Definimos, então, matriz ou modelo de aprendizagem, a modalidade com a qual cada sujeito organiza e significa o universo de sua experiência, seu universo de conhecimento". Mais adiante acrescenta: "Está socialmente determinada, e inclui não só aspectos conceituais, mas também afetivos, emocionais e esquemas de ação". Pensamos na supervisão também como matriz de aprendizagem. Em toda aprendizagem se transmite um *que*, referido a um conhecimento ou uma habilidade, e um *como*, ligado à modalidade como esta se transmite; este último aponta para a matriz de aprendizagem que Ana Quiroga chama de "aprender a aprender".

Entendo então a supervisão como um lugar de articulação desses três aspectos mencionados: a revisão conceitual, a técnica e o papel do terapeuta. Como pretendo expor, em cada fase da supervisão há o predomínio de um desses aspectos. Penso que simultaneamente, ao apresentá-las, construímos uma matriz de aprendizagem no sentido acima definido. Isso significa que, ao fazê-lo, transmitimos um "aprender a aprender".

A supervisão como aprendizagem participa da construção de um papel. Como se constrói um papel?

Moreno, em *El Psicodrama* (p. 102), menciona cinco fases referentes à matriz de identidade, cujas características são a co-existência, a co-ação e a co-experiência, e diz: "Essas cinco fases representam as bases psicológicas para todos os processos de desempenho de papéis e para fenômenos tais como a imitação, a identificação, a projeção e a transferência", com o que nos autoriza a pensar que na construção do papel de terapeuta também isso acontece. Descreve-as assim: a primeira fase consiste no fato de que a outra pessoa é uma parte da criança, formalmente; isto é, identidade completa e espontânea. A segunda etapa é aquela em que a criança concentra sua atenção na outra e estranha parte dela. A terceira consiste em separar essa outra parte da continuidade da experiência e deixar fora todas as demais, incluindo ela mesma. Na quarta etapa a criança se situa ativamente na outra parte e representa seu papel. A quinta fase consiste em que a criança representa o papel da outra parte quando se relaciona com outra pessoa, que por sua vez faz o seu papel. Nesta etapa, a inversão da identidade é completa.

Depois, Moreno acrescenta: "Temos, então, duas fases da matriz de identidade: primeiro, a fase de identidade ou unidade, como no ato de alimentar-se; segundo, a fase de utilizar essa experiência para a inversão da identidade". Esta última seria a identificação. Na supervisão, começamos trabalhando nessa segunda fase de inversão da identidade, porque o supervisionando já está exercendo seu papel. Mas entendo que a supervisão deve percorrer as cinco fases em forma inversa, para conseguir um bom exercício. Esquematicamente, é nisso que consiste a supervisão.

Entendida como processo de aprendizagem, a supervisão passa por três momentos e em cada um está privilegiado um dos aspectos que a constituem, ou seja, a técnica, a revisão conceitual ou o papel do terapeuta.

Esses três momentos correspondem, por sua vez, a três etapas na construção do papel do terapeuta: a aceitação do papel, o desempenho e a criação do papel.

O que caracteriza cada uma dessas três etapas é a espontaneidade com que se consegue atuar em cada uma delas: o mínimo é a aceitação do papel e o máximo é a criação. A partir disso o terapeuta constrói seu estilo.

As fases da formação e as etapas que atravessa podem ocorrer com um mesmo supervisor ou com vários. É importante para o supervisor avaliar em que fase se encontra o supervisionando e os elementos aos quais deverá atender estarão relacionados a ela.

Um primeiro tempo de supervisão corresponderia a essas duas primeiras etapas de identidade total e de centralização, que tornam o terapeuta muito dependente do supervisor.

No início, o supervisor busca acalmar a ansiedade mobilizada pelo começar um papel, um papel tão particular como o de terapeuta, no qual o sujeito está tão envolvido. O papel de terapeuta é muito "narcisado", por envolver completamente o sujeito e ser depositário de muitas expectativas.

Nesta primeira fase, então, se busca continência, segurança, validação. O papel é vivido com muita onipotência, cada intervenção é sentida como decisiva. Parece que cada intervenção cura ou mata. Isso deixa o novo terapeuta tremendamente ansioso, buscando principalmente controle. Nesta etapa é necessário supervisionar todas as sessões e, se fosse possível, cada palavra. É um momento em que tudo o que se aprendeu não aparece por nenhum lado e se está desamparado, ou aparece em massa e então se está com um livro e não com uma pessoa. É também uma fase em que tudo o que se aprende na supervisão é aproveitado na sessão seguinte, tenha ou não a ver com o que o paciente traz.

O terapeuta vive como se fosse um intermediário entre o supervisor e o paciente. Na verdade, como um mau intermediário, em geral, porque nunca as coisas acontecem como espera e sente muita falta da presença do supervisor.

O papel do supervisor, nessa primeira etapa, está orientado para a continência, a proposta de reflexão sobre o começo do papel e as expectativas que ele carrega. É importante que neste primeiro momento, e como parte da matriz de aprendizagem, desse "aprender a aprender", o supervisor não esbanje sua experiência, seus conhecimentos e suas teorizações, que acabariam esmagando o supervisionando.

Então, como supervisor, eu trabalho mais no enquadramento e no sentido que ele tem; na importância de elaborar e se apropriar do enquadramento como ponto de desenvolvimento da relação.

No segundo momento, já ficou um pouco diminuída a ansiedade em relação ao exercício do papel, e nos encontramos no que Moreno chama a terceira etapa do processo de desempenho.

Neste momento, o supervisionando se mostra mais interessado no aspecto diagnóstico, pergunta sobre psicopatologia, interessa-se por mecanismos. Visualiza seu paciente como objeto de estudo e atenção, mas separado de si. Moreno expressa isso dizendo: "A terceira fase consiste em que se separa da continuidade da experiência a outra parte e se deixam fora todas as demais partes, inclusive ele próprio".

A continuidade da experiência, nesse caso, tem a ver, em primeiro lugar, com a sua experiência na relação com o supervisor, de quem aprende o papel, e também com a experiência como terapeuta perante seu paciente, que passa a ser alguém a quem precisa entender.

Do ponto de vista do supervisor, diminui a necessidade da continência, para passar a mostrar mais a dinâmica da relação e as características do vínculo que o supervisionado estabelece com seu paciente, como também pode começar a assinalar mais a patologia, seja em termos de papéis do paciente, de cenas conflituosas ou de psicopatologias, segundo a perspectiva escolhida. É o momento de articulação específica entre teoria e as manifestações do aqui-e-agora da relação; o momento da revisão conceitual.

A terceira fase da supervisão tem a ver com o período que Moreno sinaliza como a quarta etapa no processo de aprendizagem de desempenho do papel, que seria a inversão de papéis. Nesse caso específico, é a inversão com o supervisor.

O supervisionando sabe mais e assimilou melhor sua bagagem conceitual, consegue unir teoria e prática, mas há pacientes ou situações em relação aos quais enfrenta dificuldades para manter uma distância útil. É o momento de unir suas próprias vivências e sua própria experiência com aquilo que os pacientes trazem.

Esclareço, novamente, que não é que isso antes não ocorresse, mas, em razão da aprendizagem, é nesse momento que podemos começar a mostrar e elaborar em que medida as cenas pessoais interferem na compreensão das cenas do paciente.

A esse terceiro momento chamamos terapia do papel.

Freqüentemente, ao se falar dessa etapa da supervisão, se questiona se isso continua a ser supervisão ou se é terapia. Creio que a expressão "terapia do papel" é clara, fala-nos de separar o que é próprio daquilo que é alheio.

Um breve exemplo: uma terapeuta nos traz um paciente com quem, por momentos, se sente muito ansiosa; é uma pessoa que tem muito tempo de análise e às vezes utiliza isso para racionalizar o que lhe sucede. Peço à terapeuta que represente o papel do paciente e fale dali. Ela o faz e, paulatinamente, começa a centrar-se mais na cadência do discurso do que em seu conteúdo. Peço que vá acentuando cada vez mais isso, até que acaba identificando essa cadência, esse tom, com aquela que seu marido assume quando se põe a cobrar. Descoberto isso, nos divertimos muito, e ela passa a entender melhor seu paciente, diferenciando-o de seu marido. Isso não faz com que se resolva a situação com o marido, nem converte o supervisor em terapeuta, mas permite um desempenho mais claro do papel. A isso chamo terapia do papel.

Se definíssemos uma pergunta para caracterizar cada um dos três momentos, a partir da perspectiva do supervisionando, estas seriam: no primeiro momento, "quem sou e o que estou fazendo aqui?"; no segundo, "quem é e o que acontece com essa pessoa que está comigo?"; e no terceiro momento, "o que se passa comigo quando essa pessoa vem se tratar que não consigo manter meu papel?".

A supervisão com técnicas dramáticas

Nesta seção, quero referir-me a uma metodologia de supervisão, a que se faz com técnicas dramáticas. Essa forma pode ser usada para supervisionar alguém que trabalha com psicodrama ou com técnicas verbais. Eu a uso em supervisões individuais ou grupais.

As técnicas dramáticas têm como referencial teórico a sociometria, idealizada por Moreno. Mais especificamente, os conceitos sobre teoria de papéis. Lemos em *Fundamentos de la Sociometría* (p. 69): "Cada papel aparece como fusão de elementos individuais e coletivos: resulta de duas classes de fatores, seus denominadores coletivos e suas diferenciações individuais. Pode ser útil distinguir a tomada ou aceitação do papel (*role-taking*), o desempenho do papel (*role-playing*) e a criação do papel (*role-creating*)".

Retomando o que foi dito anteriormente sobre as fases da supervisão, aqui podemos fazer uma comparação com as fases da aprendizagem na supervisão. O que chamávamos de primeiro momento tem a ver com a aceitação do papel (*role-taking*), assumir o papel. Essa primeira etapa se sobrepõe à formação profissional. Deveriam fazer parte dos cursos de residência e de pós-graduação a aceitação ou assunção do papel, a visualização dos aspectos prescritos e permitidos do papel, os componentes coletivos e individuais. Como isso nem sempre é assim, dedico esse primeiro momento da supervisão a trabalhar os aspectos referentes à aceitação do papel e ao lugar em que se atua. A aceitação do papel está ligada ao enquadramento e às técnicas.

Em *Psicoterapia de Grupo y Psicodrama*, Moreno dá sua versão do psicodrama como método pedagógico. No que denomina de método dos egos-auxiliares, exemplifica dizendo: "O estudante-terapeuta representa o papel de um paciente ausente a quem conhece bem, mas que é desconhecido dos demais estudantes. O terapeuta é o ego-auxiliar do paciente. Nesse intento de retratar o paciente, descobre involuntariamente seu próprio caráter dinâmico".

Como Moreno mesmo disse, o desempenho de um papel e a tomada do papel são duas fases do mesmo processo.

Na supervisão, trabalho especialmente com o desempenho do papel, mas tenho percebido que às vezes a dificuldade de desempenhar tem a ver com a tomada ou aceitação do papel. Isto é, qual é a percepção que o estudante tem do papel de terapeuta. Qual é o terapeuta imaginário que tem de desempenhar.

Trabalhando com residentes de psiquiatria, temos transformado esse primeiro tempo de aceitação do papel em grupo de reflexão sobre a tarefa, no qual cada um pode vivenciar os aspectos imaginários com os quais constrói o papel e as dificuldades que aparecem na tarefa imediata.

Temos percebido que nesses grupos a preocupação maior gira em torno da linha teórica mais conveniente, tomada como verdadeira. Trabalhando com jogos dramáticos e composição de papéis se facilita a aprendizagem, na medida em que se orienta a ansiedade na direção de seus motivos reais, como é o caso do desempenho do papel, e se consegue destravar a discussão da teoria em termos defensivos.

A aceitação ou a tomada do papel significa, então, aprofundar-se nos denominadores coletivos e individuais do papel.

Como parte de um curso de supervisão, trabalho com a construção do emblema ou do escudo do terapeuta: aspectos ligados à sua identidade como terapeuta. Dalmiro M. Bustos, num trabalho similar, investiga as cenas míticas, de onde surge o papel de terapeuta. Em outras palavras, o papel de "terapeuta" visto como um sintoma, aquele que surge como resposta a cenas conflituosas. Como conseqüência, vemos que o papel de terapeuta tem muito de reparador e pode ter também muito de defensivo, entendendo-se isso como couraça, como conserva.

Aparecem assim traços de dedicação incondicional: o que não pode cobrar, o que não consegue avaliar se dá o suficiente, o que se irrita porque os pacientes não mudam. Isso, aparentemente, estaria distanciado da supervisão, mas se lembrarmos que a supervisão é um lugar de articulação, não poderemos desconsiderar que, quando nos ocupamos do desempenho do papel, supostamente a especificidade da supervisão, estamos tomando como certo todo o anterior.

Passemos agora a ocupar-nos do desempenho do papel (*role-playing*). Vale a pena esclarecer que a expressão inglesa *role-playing*, literalmente "representação de papel", remete, por um lado, a um recurso de aprendizagem, a uma técnica pedagógica, o *role-playing* que se usa para o desempenho do papel no "como se". Mas, por outro lado, na teoria de papéis, *role-playing* descreve um momento da construção de um papel. Isto é, o exercício desse papel não mais no "como se".

Quando trabalhamos em supervisão, o objetivo é supervisionar o desempenho, o exercício, para o que podemos usar a técnica do *role-playing*, isto é, o desempenho no "como se".

Vejamos se fica mais claro com um exemplo, o caso de M. com seu paciente R.

Terapeuta M.: "Quero que vejamos R. (tem um caderno de anotações e faz um relato do material que tem trabalhado ultimamente). Temos trabalhado com R. todos os aspectos relacionados com seu trabalho e com o desejo de independentizar-se. Está preparando um apartamento para ir morar sozinho, mas recentemente teve um conflito muito sério com a mulher com quem estava saindo, que ficou grávida e estávamos vendo como ele maneja tudo isso. Eu vejo que há coisas que administra melhor, mas passa por momentos de ansiedade descontrolada. Ao lado disso, está sempre dizendo que quer terminar sua terapia. Então, vejo que há aspectos que precisa continuar trabalhando, e aparece essa resistência dele que não sei como administrar". Este é o relato da terapeuta M. que nos está falando do exercício, de como desempenha seu papel com R.

Proponho a M. que faça um *role-playing*, ou seja, que ela assuma o papel de R. e se comporte como R. o faz na sessão.

No caso de que estou falando, uma supervisão individual, estamos o terapeuta e eu. Para facilitar o aquecimento, digo a M. que eu vou representar o terapeuta. Daí em diante, M. se comporta cada vez mais no papel de R. e eu faço o ego-auxiliar, para facilitar o *role-playing*. Creio que ficam suficientemente claras as duas acepções às quais me referia no começo. Para melhorar o exercício, o desempenho do papel, uma das fases do papel, recorremos ao *role-playing* como recurso pedagógico.

Para completar o exemplo, direi que assim que M. consegue representar R., percebe o que faz seu paciente, e pode descobrir componentes agressivos no comportamento dele, que lhe são muito difíceis de controlar e que têm a ver tanto com os problemas relacionais quanto com a ansiedade que às vezes o invade.

Voltando à metodologia da supervisão com técnicas dramáticas, não posso deixar de considerar a ideologia que me leva a ver a supervisão como construção do papel de terapeuta, para o que, como citei antes, me apóio nas idéias de Moreno a respeito das fases da construção de um papel.

Dizíamos, então, que nesse papel, em particular, vemos a assunção do papel, depois o desempenho do papel, para chegar, finalmente, à criação do papel. Isso se consegue quando o estudante se sente identificado com seu papel, pode representá-lo com espontaneidade e vivenciá-lo de modo integrado com o restante de sua pessoa, o que lhe permite desempenhá-lo com estilo próprio e com uma quantidade cada vez menor de ansiedade. Seguindo a idéia moreniana, quanto menor a ansiedade, maior a espontaneidade-criatividade e vice-versa.

São vários os recursos do psicodrama para supervisionar o desempenho do papel de terapeuta. Em minha prática, o mais fecundo é o *role-playing*. Eu o utilizo para diversas finalidades:

- para apresentação do paciente que vai ser supervisionado;
- para investigação da patologia;
- como resolução, ou seja, descoberta de linhas possíveis para continuar trabalhando com o paciente;
- descobrimento de depósitos transferenciais de terapeuta e paciente e terapia do papel.

Ocorre-me uma digressão. Não sei se Moreno chamaria de técnica de *role-playing* essa minha proposta. Pelo que consegui entender de sua leitura, ele idealizou o *role-playing* como uma forma estrita de treinamento de situações típicas. Essa maneira que estou expondo corresponderia mais à que chama de "método dos egos-auxiliares". Uso a expressão *role-playing* em razão de se ter assim divulgado e desenvolvido e porque, no fundo, ela é correlata.

a) O *role-playing* para apresentar o paciente que vai ser supervisionado. Como disse antes, faz parte do enquadramento da supervisão a forma de apresentar o material que se vai supervisionar. Uma das primeiras perguntas, ao fazer o contrato da supervisão, depois dos honorários, é como se apresenta o material. Grinberg cita três métodos: o uso do gravador, tomar notas durante a sessão e a reconstrução *a posteriori* da sessão.

Quando comecei a ser supervisionado, foi-me proposto o uso do gravador, e assim durante anos gravei minhas sessões que iria supervisionar. É divertido ver a quantidade de anedotas que me sucederam com a presença oculta desse artefato, testemunha muda de minhas desventuras. Simultaneamente, comecei a supervisionar meu trabalho com crianças, o que obviamente era muito difícil de gravar, e assim, nesse caso, tinha de reconstruir as sessões *a posteriori*. Assim, minha matriz de supervisão deu-se nesses dois registros. A terceira, tomar notas durante a sessão, nunca a utilizei. Penso, como Grinberg, que obriga a uma dissociação que compromete a atenção ou o aquecimento.

Esse tema, o registro do material que se leva à supervisão, é motivo de investigação, atualmente, por parte de um grupo que coordeno.

Minha proposta quanto à apresentação e ao registro é a reconstrução *a posteriori* e o *role-playing*. A reconstrução *a posteriori* obriga a refletir sobre o trabalho, é útil como auto-supervisão. Ajuda, também, a manter um registro do trabalho de cada paciente, ou pelo menos de alguns. Serve para ver sua evolução e se constitui em material para futuras apresentações.

Como se apresenta o paciente pelo *role-playing*? O terapeuta lê o registro da sessão que reconstruiu. Às vezes começo a trabalhar diretamente com esse material, porque é suficientemente claro. Se não é, proponho a apresentação mediante *role-playing*. Como para qualquer trabalho dramático é necessário começar por um aquecimento, nesse caso há um aquecimento inespecífico pela leitura ou pelo relato do material.

O aquecimento específico consiste em que o terapeuta se ponha a andar e vá entrando no papel do paciente. Se o trabalho é em grupo de supervisão, peço ao terapeuta que escolha alguém para fazer seu papel. Proponho que se descreva fisicamente, como vem vestido, que dias e a que horas tem sessão, se chega pontualmente ou com antecedência, e completo com um solilóquio antes de entrar na sessão. Terminado o solilóquio, quem faz o papel de terapeuta inicia sua atuação.

O terapeuta faz o papel de seu paciente, transmite todas suas características e faz o solilóquio a partir desse papel, reflete e aproveita toda essa informação ao mesmo tempo que a transmite. Conhece mais seu paciente e percebe uma quantidade de dados que, às vezes, no papel de terapeuta passam despercebidos, porque o aquecimento de terapeuta é diferente.

Assim, noto que, às vezes, o terapeuta descobre que seu paciente sempre se atrasa uns minutos, certo jeito de falar, determinadas atitudes corporais, detalhes de sua aparência, nos quais não havia reparado. Tudo isso faz parte do discurso do paciente.

Vejamos um exemplo:

A supervisão é pedida por uma colega. É um trabalho individual e é seu primeiro trabalho de supervisão comigo. Uso o *role-playing* para apresentar o material: "Quero supervisionar a F.".

Supervisor: "Bem, quero que assuma o papel dela, que a apresente a partir dele, desde a aparência até o material que necessita supervisionar".

Terapeuta no papel de paciente F.: "Sou médica neurologista, tenho dez anos na especialidade. Tenho 33 anos. Meu cabelo é comprido. Sou sedutora, mas não cuido de minha aparência. Faço análise há muitos anos e agora há oito meses estou com T. (a terapeuta). Estou casada com M. (um advogado muito conhecido), tenho uma filha de dois anos. Retomei a análise porque minha vida está muito desorganizada. Desde que nasceu minha filha não consigo me encontrar, as tarefas se sobrepõem, estou correndo o dia todo, não chego no horário a nenhum lugar. Não consigo estudar, cuidar de minha filha toma muito tempo e não me entendo com meu marido".

Supervisor: "Bem, agora entre no consultório e fale desse papel de F., como se estivesse em sessão".

Terapeuta no papel de paciente F.: "Uh! Pensei que não chegaria, venho de uma reunião na escola onde deixei minha filha. Tinha que falar com as professoras, estava com medo do que elas me poderiam dizer. Creio que não tenho estrutura para ser mãe. Estou tão desorganizada, não consigo estudar. Não falamos com M. Ele está muito ocupado, continua com suas reuniões e esses estudos nos quais eu também estava, mas agora me sinto tão perdida, não estou bem em nenhum lugar".

Como esclareci, esta é uma sessão única de supervisão, e além disso não conhecíamos a terapeuta.

O processo relatado levou uns 35 minutos e nesse momento já estávamos no cerne da problemática da paciente. Como vemos, pelo material transmitido no *role-playing*, o conflito é o surgimento de um novo papel: o de mãe. Pensamos, então, que a proposta é trabalhar as cenas ligadas ao surgimento desse papel, que vem a complicar-lhe a vida, conforme seu sentimento, mas na realidade a vida já era complicada e essa exigência só ressalta isso. A expressão "creio que não tenho estrutura para ser mãe" condensa toda a problemática.

Ao trazer esse material, minha intenção é exemplificar como ele é apresentado pelo *role-playing*, razão pela qual não me detenho no material em si. De toda forma, creio que é útil esclarecer que atuo como supervisor e assim também me refiro ao material apresentado.

Como supervisor, registro dois tempos na supervisão. Primeiro, o diagnóstico do conflito e depois, propostas para sua abordagem e resolução.

Para o primeiro tempo, isto é, o diagnóstico, pergunto por que traz essa paciente para a supervisão. Isso me permite fazer uma idéia sobre onde, especialmente, está centrado o conflito. As respostas podem ser: "Não sei o que se passa com ele" (centrado no paciente), "não sei como ajudá-lo" (recursos técnicos), "sinto-me mal com ele" (centrado no terapeuta), "estamos dando voltas em torno da mesma coisa" (centrado na transferência).

A resposta ao porquê de trazer o paciente para supervisão me dá uma primeira aproximação, que se completa com o relato do material ou com a apresentação. Uma vez feito o diagnóstico, estamos no segundo momento, para o qual também uso recursos dramáticos dentro do *role-playing*.

b) *Role-playing* usado para investigar a patologia.

Neste tópico preciso estender-me em algumas considerações relacionadas à patologia e à supervisão. Não é lugar nem ocasião para teorizar sobre patologia psíquica em profundidade. É provável que em outra oportunidade possa estender-me sobre psicopatologia pensada a partir da supervisão. Por ora, posso assinalar que, há mais de dez anos, dou supervisão em instituições e lugares diferentes, para terapeutas que não têm formação homogênea quanto a sua linha teórica, e isso não tem interferido na supervisão.

Minha reflexão levou-me a algumas conclusões provisórias.

Em primeiro lugar, a supervisão está centrada especialmente no desempenho, no exercício do papel. É verdade que esse exercício é veículo de determinada concepção de saúde e enfermidade, de determinada ideologia, de determinada conceituação etc. Quando falamos de supervisão, e não de controle, nossa tarefa de supervisionar está orientada a ajudar a conscientizar e aprofundar essas concepções, não a questioná-las. Como dissemos em outro momento, controle tem a ver com a ortodoxia de determinada linha ou instituição e isso leva a centrar-se mais no conteúdo e na forma do que no exercício e na reflexão sobre a tarefa.

Em segundo lugar, penso que, como supervisor, minha tarefa é ajudar a alcançar o *role-creating*, a criação do papel, depois de passar pela assunção e pelo desempenho. Todo terapeuta interessado em sua tarefa, que pensa e se aprofunda nela, acaba tendo sua própria concepção a respeito da psicopatologia, que se vai estruturando sobre sua própria experiência. A supervisão deveria ajudar a descobri-la e a valorizá-la.

Por último, o trabalho de supervisão com técnicas dramáticas estimula a participação ativa do supervisionando no material a supervisionar. O supervisionando, junto com o grupo, se a supervisão é em grupo, ou com o supervisor, se é individual, pode pensar sobre o exposto.

Vejamos, após essas considerações, o uso do *role-playing* para investigar a patologia.

É um grupo de supervisão com quatro integrantes. A terapeuta A. diz: "Quando preparava o material para a supervisão, pensei em três pacientes. Depois pensei o que tinham em comum e descobri que os três estão com dificuldades com suas mães". Nesse momento, como supervisor, penso que algo deve estar acontecendo na relação da terapeuta com sua própria mãe, mas não o digo; espero mais informação para depois dizer-lhe se o conflito está centrado na terapeuta ou na paciente. Quero esclarecer que espero para definir qual é prioritário, pois com certeza está em ambas. Isso é o que mais adiante trato como terapia de papel.

Continua a terapeuta: "Finalmente decidi por H., que é uma paciente que já trouxe outras vezes, mas agora tem uma situação insustentável, está morando com seu companheiro e não consegue contar para sua mãe". Relata em seguida os aspectos que tem trabalhado com H. em relação à sua mãe e as razões imediatas que poderiam existir para não poder dizer, mas nenhuma delas parece de peso e a dificuldade de contar continua.

Os colegas de supervisão fazem suas contribuições, que são valiosas, porque eles funcionam como ressonadores do material que está sendo exposto. A partir de tudo isso proponho à terapeuta A. que assuma o papel da paciente e monte a história dos casais em sua família. A., agora no papel de H., vai montando com almofadas:

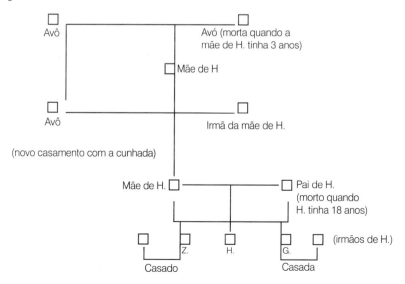

Montada essa estrutura, a terapeuta no papel de sua paciente H. conta, a partir de cada um dos personagens, sua história. Quando o avô se casa com a cunhada, impõe a condição de não terem filhos, para que sua nova mulher cuide de sua filha órfã. Isto é, ele se casa para dar uma nova mãe para sua filha. Quem melhor então que a tia? Essa mulher cumpre sua palavra e não tem filhos. Desenvolveu porém um afeto muito especial com H., a ponto de, numa ocasião, quando H. tinha nove anos, estando a mãe de H. muito irritada a ponto de bater-lhe, a avó-tia intervém e diz: "Nunca bata nessa menina na minha frente". A mãe de H. reage e diz para a filha: "Você não é minha filha, te desconheço". Isso causou intensa tristeza em H., pois a mãe ficou uma semana sem falar com ela.

No lugar de sua mãe, H. diz que sempre esteve muito ligada ao pai e sentiu mais a morte do pai do que a do marido, mas que sempre lhe pesou o fato de sua mãe não ter tido filhos por causa dela. Talvez desconhecer H. tenha sido uma forma de compensar e dar a filha à sua tia-mãe, que sentia tanto afeto pela menina. Finalmente, H. em seu próprio papel descobre sua fantasia de que a mãe, viúva e com os outros dois filhos casados, se souber que H. também se casa, fica novamente órfã. Dessa maneira, H. ocupa o lugar de sua avó, a quem estava muito ligada, para cuidar de sua mãe.

Finalizada a construção dirigida pelo supervisor, o grupo comenta e completa a estrutura psicopatológica que o terapeuta leva como estratégia ou hipótese de trabalho.

Como curiosidade, registro que, segundo a terapeuta, a reconstrução que a paciente fez em sessões posteriores se aproxima muito da exposta pela terapeuta, e uns meses depois H. oficializa a relação de casamento convidando sua mãe para fazer uma refeição em sua casa.

Dizia no começo desse exemplo que a terapeuta fez referência a três pacientes e a um dado em comum entre eles. Como supervisor, devia decidir o que privilegiar na supervisão. Como se vê, nesse caso privilegiei a estrutura psicopatológica da paciente. Fiz assim porque a terapeuta já havia escolhido uma paciente. A situação teria sido diferente se a terapeuta não conseguisse fazer a escolha previamente. Nesse caso, teria trabalhado sua própria dificuldade.

Mais tarde, essa terapeuta A., que está em psicoterapia, nos conta que em sua história infantil há uma situação similar entre sua mãe e uma tia, que funcionam ambas como fortes figuras identificadoras.

Outro recurso para investigar a patologia é a escultura do conflito. Peço ao terapeuta que assuma o papel do paciente e dali faça uma escultura, ou seja, dê forma plástica ao modo como vive sua situação. Pode ser não só a respeito desse conflito em particular, mas também como ele é, de que é feito, como foi se formando.

Dessa maneira, surge toda a informação que o terapeuta tem de seu paciente e como a tem articulado, como é a representação que o terapeuta tem da problemática.

Assim, com essas esculturas, trabalhando a representação espacial, encontramos histórias que se repetem, lutos não elaborados, papéis abandonados que geram ansiedade...

Quando o terapeuta se conscientiza da representação que faz da patologia do paciente, está em melhores condições de se recolocar diante dele, corrigir preconceitos, descobrir sua ideologia e entender melhor a dinâmica desse outro que está diante dele.

c) O *role-playing* como resolução (explicação de linhas possíveis para continuar trabalhando).

Ao assinalar este item, quero reiterar que a subdivisão tem um fim didático. Na prática, o mais freqüente é que numa mesma sessão de supervisão façamos a apresentação, o diagnóstico do conflito e a proposta de resolução.

Esclarecido isso, vejamos como o *role-playing* pode ser usado especialmente para investigar linhas de resolução.

Como regra geral, a linha para continuar trabalhando o conflito trazido à supervisão vai aparecendo de acordo com o diagnóstico desse conflito. Acontece que, às vezes, há dificuldades para formular a compreensão bem como para transmitir essa compreensão. Nesse caso, proponho ao terapeuta que escolha um auxiliar e lhe mostre o papel não de paciente, mas de alguém com quem poderia falar disso, pode ser um amigo, um companheiro de trabalho ou outro interlocutor qualificado.

Geralmente é escolhido um amigo. Monta-se a cena na qual o terapeuta, agora em outro papel, o de amigo, vai transmitir o que entendeu da situação. Ao colocar a cena em outro contexto, a formulação se torna mais fácil. O mecanismo que opera por trás disso se chama interpolação de resistência. Está relacionado com o aquecimento, quer dizer, a preparação; o aquecimento para uma prosa com um amigo é diferente do que se tem com um paciente.

Uma vez formulada a explicitação do que se pensa e se entende na cena com o amigo, voltamos a montar a cena com o paciente, para reformulá-la em termos pertinentes a esse papel.

Um exemplo: num grupo de supervisão, uma terapeuta traz sua preocupação com uma paciente com quem fica muda e passiva, não consegue falar nem dramatizar.

Passamos a trabalhar com *role-playing*: a terapeuta assume o papel da paciente e começa a falar de forma monótona, reiterativa e queixosa da relação com seu marido. Faz isso durante um bom tempo. Uma vez explicitado, peço à terapeuta que faça uma troca de papéis. Uma auxiliar faz agora o papel de paciente e vai repetindo tudo o que foi dito. A terapeuta, em seu próprio papel, a escuta em silêncio, faz alguma tímida tentativa de mostrar o caráter reiterativo do comportamento, mas como não dá resultado, desiste e se vai mostrando cada vez mais tensa e aborrecida.

Peço um solilóquio (técnica psicodramática que consiste em expressar o pensamento em voz alta): "Que chato, já estou cansada de mostrar aspectos dela em relação ao marido e ela não entende. Acabo dizendo a mesma coisa, me dá vontade de dar uma chacoalhada, dizer que estou cheia, mas como vou dizer isso? Eu sou a terapeuta!".

Peço-lhe que monte uma cena com alguém a quem possa dizer o que sente. Traz então uma conversa na casa de uma amiga, que começa a contar-lhe algo parecido, em tom similar.

A terapeuta, agora no papel de amiga, lhe diz: "Você me enche com essa atitude. O que é que você pretende? Causar pena? Me dá vontade de sacudir você, para que você reaja e deixe de se fazer de criança boba, você é adulta, não pode continuar procurando mamães por todos os lados como se fosse uma criança abandonada, não se dá conta de que dessa maneira provoca rejeição?". Depois de poder, nessa cena, expressar livremente o que lhe provoca a auxiliar no papel de amiga, voltamos à cena do consultório para fazer a reformulação. Volta a seu papel de terapeuta e consegue colocar o sentido desse comportamento em termos de vínculo terapêutico.

Outra variante da interpolação de resistência, que utilizo com freqüência, é a referida pelo dr. José Scavuzzo em uma comunicação pessoal. Consiste em pedir ao supervisionando que monte uma imagem com o conflito que acaba de relatar. Monta-se essa imagem com almofadas ou com os companheiros de supervisão. Depois, peço que a observe e passe a um registro de fantasia: se não fosse a imagem de um conflito, o que poderia ser. Surgem imagens tais como um grande pacote, um terremoto, um réu pedindo clemência, alguém que reza.

Depois de dar nome à imagem, peço que crie o personagem complementar que poderia resolver essa situação. Geralmente, os personagens são seres onipotentes: Super-homem, a Mulher Maravilha, Peter Pan; ou também idealizados: um sábio, um gênio, um tirano. Uma vez encontrado esse personagem, peço que o represente e aplique nele sua espontaneidade. Depois, de volta ao papel de terapeuta, aparecem respostas criativas que estavam bloqueadas por esses personagens.

Um esclarecimento sobre esse recurso, a interpolação de resistências. Essa técnica, usada na supervisão com fim didático, é utilizada também em psicodrama, como técnica resolutiva. Na verdade, tanto num campo como no outro, procuramos encontrar uma resposta espontânea, uma resposta nova a uma situação antiga ou uma resposta adequada a uma situação nova. A espontaneidade é uma qualidade da conduta que não se confunde com instantaneidade ou impulsividade. Espontaneidade significa, etimologicamente, "de dentro" (*sponte sua*), ou "por livre decisão".

Quando falo de interpolação de resistências, reporto-me à resistência como elemento que possibilita a emergência da espontaneidade. A espontaneidade, em termos psicodramáticos, não é algo descontrolado e abrupto, precisa por isso de uma preparação, que é o que chamamos de aquecimento. O aquecimento estimula e orienta a espontaneidade, que se plasma em comportamentos criativos. Se recordamos o que nos disse Moreno sobre o surgimento de papéis, temos uma seqüência: aquecimento – espontaneidade – ato criativo, que se manifesta num papel.

Cada papel precisa de um aquecimento particular para que a espontaneidade permita uma expressão criativa. O papel de terapeuta não é uma exceção: como todo papel, expressa-se num vínculo, surgem resistências à emergência da espontaneidade, ligadas às circunstâncias e vicissitudes desse vínculo, que teorizaremos em outro momento.

O sentido da interpolação de resistência é mudar as características do contrapapel no vínculo ou levar a mesma situação a outro papel, com o propósito de criar um aquecimento diferente e iludir as resistências ligadas ao papel em conflito. Conseguimos então liberar a espontaneidade para respostas criativas. Podemos, forçando um pouco as coisas, fazer uma analogia com o *lapsus linguae* do discurso. Nesse caso, gera-se a própria interpolação, colocando uma palavra que rompe a intencionalidade do discurso. Na interpolação, procuramos consegui-lo variando as características do vínculo.

d) O *role-playing* usado para descobrimento de depósitos transferenciais de terapeuta e paciente e para terapia do papel.

Lembrando a idéia inicial de pensar a supervisão como lugar de articulação, veremos neste tópico o aspecto mais próximo do terapêutico. Essa condição de articulador, de mover-se num espaço-limite, não tem dado à supervisão muita bibliografia.

Nos itens anteriores, estivemos mais perto do que é a formação do terapeuta, mais próximos das teorias e das técnicas. Mas como dissemos anteriormente, o trabalho de terapeuta é um trabalho artesanal, no qual o próprio terapeuta é uma ferramenta. Como conseqüência, durante a supervisão entendida como processo, surgem cenas da vida pessoal que são as que dão conta da dificuldade para o exercício da prática.

Isso foi detectado cedo na prática da psicoterapia. Desde Freud tem-se insistido na necessidade de terapia ou psicanálise pessoal, como certa garantia de exercício menos ansiógeno e de maior clareza para com os pacientes.

Na psicanálise se criou uma instituição voltada para isso, a análise didática. Hoje, praticamente desapareceu ou está sendo seriamente questionada, dentro da psicanálise, pelas correntes mais atuais, entendendo que, por definição, dentro desse enquadramento, se é análise não é didática e se é didática deixa de ser análise.

Mesmo que meu marco referencial não seja a psicanálise, vejo na prática como se mesclam, muitas vezes para o mal, os conflitos pessoais com os dos pacientes.

Nosso trabalho de terapeuta é insalubre, independentemente do esquema teórico que usemos. O material que manejamos é tremendamente delicado e perigoso, é o ser humano no que tem de mais humano, com todo o bom e todo o mau que isso implica.

No livro *Nuevos rumos en psicoterapia psicodramática*, do dr. Bustos, o último capítulo "Sobre psicoterapias e psicoterapeutas"[1] traz várias reflexões, com as quais compartilho, sobre o exercício da psicoterapia, seus riscos e suas defesas.

Na supervisão, e em especial na supervisão grupal com técnicas dramáticas, podemos abordar aspectos que estereotipam ou caracteropatizam o papel. Por isso também denominamos terapia do papel.

É comum que, por trás das cenas que o terapeuta não consegue resolver ou ajudar seu paciente a resolver, apareça uma cena pessoal que o aflige, ligada a sua própria história. Às vezes, essas cenas já estão nomeadas e constituem o que Pavlovsky e Kesselman chamam "cenas temidas", nesse caso referidas ao coordenador de grupo. Essas cenas podem ser trabalhadas em grupos especiais que acabam sendo muito enriquecedores. São cenas mais ou menos típicas: o silêncio, a agressão, a sedução, a rejeição.

Essas "cenas temidas", descritas por Pavlovsky e Kesselman, operam como fantasmas inibidores, que paralisam o desempenho do papel, e trabalhá-las é também terapia do papel. Essas cenas são prévias, no sentido de que se teme que apareçam. No caso presente, refiro-me às cenas que surgem durante o trabalho, que são inconscientes ou semi-inconscientes, percebidas especialmente por seus efeitos: angústia, intolerância, aborrecimento. Em termos morenianos, interferem na relação télica. Diríamos que isso é transferência do terapeuta. Um psicanalista diria talvez tratar-se de contratransferência.

Entendo desta forma: em primeiro lugar, é um fato que interfere na compreensão télica da relação, e é por esse motivo que o terapeuta leva o paciente para a supervisão.

Quanto a ser transferência do terapeuta ou contratransferência, já é mais complicado. Penso que, em geral, são ambas as coisas. Vejamos: Moreno, ao falar de transferência do terapeuta, o faz a partir de sua atitude em relação à psicoterapia, na qual dois sujeitos se encontram e estão expostos às mesmas circunstâncias emocionais, intelectuais e afetivas e,

---

1. La Plata, Ed. Momento, 1985.

como conseqüência, ambos são passíveis de reações de aceitação, rejeição ou indiferença, atitude da qual compartilho.

Não haveria motivo para pensar que um transfere e o outro não. Moreno chega a comparar o encontro terapêutico ao de dois namorados, comparação pouco feliz, entendo, como entendeu a maioria dos psiquiatras a quem enviou sua conferência. Creio que a diferença é que a relação entre namorados é uma relação simétrica. Entretanto, a relação terapêutica é entre duas pessoas pelo menos, mas em papéis com responsabilidades diferentes, como bem o explica Bustos (*El encuentro en psicoterapia*). Poderíamos dizer que se trata de uma relação simétrica entre papéis assimétricos.

Isso, que parece um jogo de palavras, é o que dá lugar à contratransferência. É importante manter dentro do psicodrama o conceito de contratransferência porque penso que é uma das ferramentas mais importantes do terapeuta para operar em seu trabalho. Para isso precisa aprender a manejá-la.

Entendo por contratransferência os efeitos, as cenas, as imagens, os pensamentos estimulados, no terapeuta, pelas cenas e pelos fatos que o paciente ou os pacientes levam para suas sessões. Como o terapeuta lê e como devolve isso que foi estimulado nele, é outra coisa. Pode fazê-lo defensivamente, tentando convencer o paciente de que sua atitude está errada, porém é o terapeuta que tem dúvidas, incertezas ou angústias, e esse comportamento de apoiar-se em sua autoridade para defender-se seria transferencial do terapeuta. Essa transferência do terapeuta também se observa quando ele não se atreve a fazer uma intervenção por temor à resposta. Quando se deixa seduzir, quando seduz, quando necessita compulsivamente de ser reconhecido, quando não devolve as fantasias eróticas. Quando não consegue distinguir que, como também disse Moreno, a transferência se dá em relação ao papel e não a sua pessoa, isto é, quando se identifica ou rejeita o papel atribuído.

Quando não se identifica ou não rejeita esse papel, mas, ao contrário, consegue diferenciar-se e reconhecer que foi despertado nele por algum daqueles afetos ou cenas, pode usá-lo, agora sim, como contratransferência, para entendê-lo, separando o próprio do alheio.

Um exemplo: a terapeuta afirma que está preocupada com uma entrevista que teve com os pais de uma adolescente que ela atende. Sua preocupação é que, na entrevista, eles comentam que pouco tempo antes haviam procurado outro profissional reconhecido e que ele havia diagnosticado esquizofrenia. Ela se pergunta como se lhe fugiu semelhante diagnóstico.

Fazemos um *role-playing* da situação. Monta a cena, que acontece em seu consultório. Escolhe dois companheiros, que fazem os pais. Peço um solilóquio antes que cheguem os pais. Solilóquio: "Que estará acontecendo com Maria? Há quatro meses está em terapia e os pais nunca me procuraram. Maria não comenta nada comigo e sua terapia está indo regularmente bem". Fim do solilóquio.

Começa a cena. Troca de papéis informativa com a mãe. Chamo "troca de papéis informativa" para que quem vai representar a mãe se informe do que ela disse e possa construir o papel. Fala a mãe: "Bem, você talvez se assuste com nossa presença, porque eu não lhe disse que meu marido também viria. Mas estamos muito preocupados com a Maria, pois ela está muito agressiva, às vezes se deprime, e não lhe tínhamos dito, mas nós havíamos pedido que fizessem um teste antes de ela vir aqui, com um profissional muito reconhecido, que nos disse que o diagnóstico de Maria era esquizofrenia. Queremos saber como tratá-la, imagine, queremos ajudá-la. Eu me casei grávida dela, mas nós a tivemos porque quisemos". Troca de papéis com o pai: "Eu não consigo negar-lhe nada, porque temo enfrentá-la". Troca de papéis. A terapeuta volta a seu lugar. Agora se desenrola a cena: os auxiliares fazem o papel dos pais e vão falando de sua preocupação.

A terapeuta responde: "Bom, nesses quatro meses que Maria está comigo não vi manifestações agressivas que me sugiram esse diagnóstico. Ela é tímida, é difícil para ela ser comunicativa, mas não mais do que qualquer adolescente dessa idade".

Peço solilóquio da terapeuta. Solilóquio: "Esquizofrenia? Não havia pensado nisso. Como pode ser que me tenha fugido uma coisa tão grosseira? Mas fizeram um teste com ela! Além disso, não me haviam contado e eu não me dei conta".

Vejo a terapeuta tensa e preocupada, peço que coloque nessa cena esse outro personagem que apareceu: a esquizofrenia e a omissão dela. Coloca uma almofada à sua direita, entre ela e os pais. Peço troca de papéis com essa almofada. Nesse lugar, a terapeuta detecta uma cena pessoal que a aflige. Proponho dramatizar essa cena, responde que não; proponho que fique um momento ali, em contato com a cena e depois volte a seu lugar. Fica parada, em silêncio, vê-se que está comovida. Senta-se no lugar de terapeuta e, saindo do papel, diz: "Sim, aí está, já me dei conta de por que fiquei tão mal. Quando me acalmar quero contar-lhes a cena que me apareceu". Termina o *role-playing*.

A cena que não quis dramatizar e que apareceu imediatamente, quando se colocou no lugar da almofada, foi vivida no colégio, quando tinha cerca de dez anos. Nessa ocasião, uma professora que ela admirava, mas que era muito rígida, a deixa de lado numa tarefa que lhe agradava, e quando pergunta por que, a professora lhe diz que o faz porque ela é cínica. Naquele momento, com dez anos, não tem a menor idéia do que significa essa palavra. A primeira coisa que faz ao chegar em casa é procurar no dicionário, e, mesmo não entendendo muito bem, se dá conta de que é algo mau. Esclarece que não quis dramatizar porque temia angustiar-se e é uma pessoa que continua vendo e a quem respeita, mesmo que naquela ocasião tenha sido injusta. Acrescenta que, quando estava na cena com os pais, voltou a sentir-se com dez anos, acusada de algo que não sabia o que era e tratada arbitrariamente.

O exemplo nos evidencia a transferência do terapeuta, isto é, repete a situação ao sentir-se tratada injustamente, pois somente agora lhe falam do psicodiagnóstico e promete prestar atenção ao que acontece com a paciente. Mas no grupo de supervisão aparece outro aspecto, nos comentários. Há algo de cínico nesses pais, que ocultaram a informação e que devem sentir-se em conflito perante a adolescência de sua filha, no início de sua sexualidade. Se a terapeuta resolve essa cena em que se sentiu culpada, pode agora pensar por que aparece essa cena em que é acusada de cínica e tratar de observar o que há de cínico nesses pais que vêm reclamar sobre o comportamento de sua filha.

A isso chamo usar a contratransferência, isto é, não ler persecutoriamente aquilo que nos provoca o que nos dizem, mas usá-lo para entender algo que nesse momento captamos. A maneira útil de aproveitar, então, a contratransferência é perguntar: por que aparece essa cena ou esse sentimento em mim, diante do que me estão comunicando ou do que estou vendo?

Quando essa pergunta não pode ser respondida, ou nem sequer é formulada, surge o efeito subjacente em forma de angústia, confusão ou rejeição e, como conseqüência, bloqueio da espontaneidade e da criatividade.

Em outras oportunidades, durante a supervisão, se o supervisionando aceita, trabalhamos a cena pessoal. Para isso necessitamos de um protagonista disposto e um grupo em que se sinta incluído. Nesse caso, monta-se a cena e peço ao supervisionando que dirija sua própria cena conflitiva, vendo-a de fora, como num espelho. Na maioria das vezes, só o fato de montar a cena, como no caso citado, resgata o aspecto pessoal conflituoso e o conecta com o material de supervisão.[2]

---

2. Depois de escrito este artigo, encontrei um trabalho na revista *Group Psychotherapy Psychodrama and Sociometry* (vol. XXXIII, 1980), que cita Gene Abrams, o qual descreve a supervisão como "metaterapia" ou "terapia da terapia"; isso é em outros termos o que aqui chamamos de "terapia do papel".

Referências bibliográficas

Bustos, D. *Psicoterapia psicodramática*. Buenos Aires, Ed. Paidós, 1975.

Buys, R. Ch. *Supervisão de psicoterapia*. São Paulo, Summus, 1987.

Gear, M. C., Liendo E. C. y Reyna, F. *Supervisión terapéutica*. Buenos Aires, Ed. Paidós, 1990.

Grinberg, L. *La Supervisión psicoanalítica. Teoría y práctica*. Buenos Aires, Ed. Paidós, 1974.

Moreno, J. L. *El psicodrama*. Buenos Aires, Ed. Hormé, 1972.

Quiroga, A. *Processo educativo em Paulo Freire e Enrique Pichón Rivière*. São Paulo, 1985.

Van der May, J. e Peake, T. Psychodrama as a Psychotherapy Supervision Technique. *Group Psychotherapy Psychodrama and Sociometry*. New York, Beacon House, vol. XXXIII, 1980.

Voranovsky, D. (comp.) *El control: cuestión para psicoanalistas*. Buenos Aires, Ed. Nueva Visión, 1991.

10

Supervisão para Supervisores

Como fica evidenciado em outros capítulos deste livro, a supervisão em psicoterapia tem centralizado meu interesse desde que comecei na prática clínica, primeiro como supervisionando e depois como supervisor.

Uma das primeiras manifestações desse interesse foi uma pequena investigação que propus a um grupo de quatro integrantes, que coordenei como supervisor durante mais de cinco anos em sessões de supervisão semanais.

Meu interesse, que depois passou a ser compartilhado com o grupo, era investigar em que consistia a aprendizagem na supervisão, por que se escolhe determinado supervisor, e outras interrogações expostas naquele trabalho.

Posteriormente, quando necessitei credenciar-me institucionalmente como supervisor, escrevi uma monografia também publicada aqui, objetivando a conceituação e a sistematização dessa prática.

Como afirmei nesse trabalho, a supervisão é uma mescla, uma articuladora entre a prática, a teoria e a terapia pessoal. Desse modo, observo que com muita freqüência o material que vem para supervisão está relacionado com o conflito pessoal do terapeuta. Isso foi detectado cedo pelos psicanalistas que, como resposta, inventaram a psicanálise didática, hoje praticamente desaparecida porque acabou ideologizada e usada sub-repticiamente como elemento de controle do candidato.

Como conseqüência, postulou-se que, na verdade, a supervisão resulta na análise da contratransferência, proposta que tem seu lado resgatável, na medida em que na supervisão também se trata disso, de aprofundar os motivos pessoais pelos quais não se compreende determinada dinâmica do paciente.

Curiosamente, isso não exclui o supervisor nem o supervisionando, como foi proposto num trabalho apresentado por Cristina Barbosa e Mariana Bertussi, no XI Congresso Brasileiro de Psicodrama, sobre a subjetividade do terapeuta, em que há uma referência à supervisão.

Para responder a isso, e de algum modo neutralizá-lo em psicoterapia, fala-se de co-criação (Perazzo) e especificamente, em supervisão, os grupos de Hernán Kesselman são chamados de co-visão. Também trabalharam e escreveram sobre o tema Guillermo Villaseca e Ana Roitman.

Uma vez que é impossível excluir a subjetividade do terapeuta ou do supervisor, propõe-se a maior subjetividade possível, a partir de distintos olhares, como um modo de ser menos diretivo.

Continuando com meu interesse em aprofundar a compreensão e a utilidade da supervisão, propus uma vivência que se chamou "Supervisão para supervisores", no VII Congresso da Federação Brasileira de Psicodrama, no Rio de Janeiro, em 1990.

A vivência aconteceu em três dias sucessivos, durante duas horas por dia. A fundamentação da proposta apontava para uma reflexão sobre as origens do papel do terapeuta em cada um. Isso significava que, refletindo sobre o porquê da escolha, saberíamos algo sobre o como e para que do papel, temas próprios da supervisão.

O papel do psicoterapeuta, como já visto, está muito "narcisado", como também o estão outros papéis profissionais em que há um forte envolvimento pessoal. Mas aqui me ocupo especificamente do de psicoterapeuta. Em outros termos, isso significa que os aspectos públicos e privados de todo papel social estão aqui muito próximos. Mais que isso, o aspecto privado do papel alimenta, sustenta e participa ativamente do desempenho desse papel social.

Aqui, justamente, é onde intervém a supervisão, para ajudar a manter uma "diferenciação" operativa. Não uma separação, mas a melhor diferenciação possível, para evitar as armadilhas da "narcisação" que podem levar a viver as peculiaridades da relação terapêutica como questões pessoais. Uma vez assumido, o papel do psicoterapeuta faz parte de um conjunto de papéis que inclui a história pessoal de cada um.

Todo trabalho psicoterapêutico feito com profundidade – não digo que não o sejam todos, pois às vezes não é necessário, mas aqueles que precisam o são – coloca interrogações a essa história pessoal e às respostas que cada um se tem dado.

Pensando em tudo isso, propus no primeiro dia da vivência um aquecimento voltado a detectar, internamente, pelo menos três cenas pensadas e sentidas como fundamentais para o papel de psicoterapeuta. Depois, distribuí folhas de papel e material para colorir, com a proposta de que cada um desenhasse seu escudo de psicoterapeuta. Esse escudo é uma analogia dos escudos de armas dos cavaleiros e das famílias medievais.[1]

---

1. Reproduzo, como ilustração, alguns escudos escolhidos aleatoriamente. Como foram fotocopiados, perdem qualidade. Mesmo assim, decidi reproduzi-los.

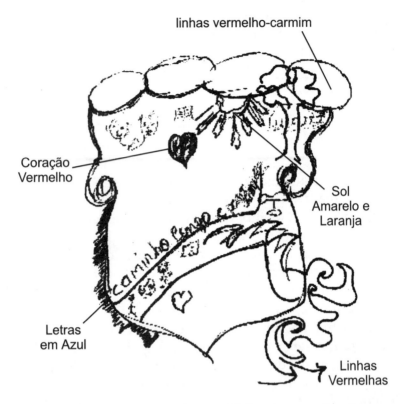

Uma digressão: tomei essa idéia do escudo de uma proposta que Gloria Bonder fazia, na década de 1970, para trabalhar a identidade de gênero (masculino – feminino), quando o tema estava em seu momento mais significativo.

Naquela primeira vivência, a instrução foi esta: desenhar o escudo de psicoterapeuta. Mais tarde, soube que há uma disciplina, a heráldica, que se ocupa precisamente dos escudos e brasões familiares, que organiza as convenções que devem ser respeitadas quanto a cores, desenhos, fundo e material dos brasões. Há lindos livros com as imagens daqueles escudos que tinham importância para definir a identidade do cavaleiro, a família e o grupo, pois também as confrarias e os grêmios tinham seus escudos e estandartes, onde colocavam seus princípios.

Em trabalhos posteriores, depois da instrução e do material para desenho, ofereci um livro de heráldica como iniciador para o aquecimento. Em heráldica há códigos de representação que manifestam, com base numa simbologia de cores, animais e objetos, as virtudes, os valores e os princípios que se defendem e que guiam a atuação.

Verdade – Solidariedade – Cresimento

Na vivência, cada um expressou, com seu código próprio, um conteúdo parecido, como surge e para onde aponta seu trabalho, assim como o melhor modo de levá-lo a cabo. De minha própria iniciativa, propus que dentro do escudo, ou próximo a ele, se escrevesse uma frase ou algumas palavras que manifestassem sinteticamente o ideal. Seguindo as máximas de Hipócrates, coloquei em minha instrução: *Primum non nocere*, que quer dizer "em primeiro lugar não prejudicar". Se não se cura, que ao menos não se estrague.

A proposta, nessa primeira parte, gerou mobilização, já que evocou cenas muito carregadas emocionalmente, mas que em geral se traduziram num clima lúdico, quase escolar, com protestos do tipo "não sei desenhar", "é muito complicado", mas estimulou a soltar a criatividade e a refletir sobre o sentido do trabalho profissional. Esse foi um momento individual.

Na segunda parte, ou segundo dia, e em razão do tamanho do grupo, foi proposta a escolha sociométrica de pequenos grupos de cinco ou seis pessoas, em que cada um explicou, compartilhou e defendeu seu escudo e seu lema. Era um momento para compartilhar as cenas que surgiram antes do desenho. Apareceram modelos, cenas conflituosas, mandatos familiares ou sociais, que ajudaram a compreender o aspecto defensivo ou elaborado da escolha.

No terceiro momento, foi proposta a escolha de um protagonista disposto a compartilhar um material a supervisionar. A direção do coordenador ou de alguém escolhido pelo grupo. Trabalhamos uma dramatização com *role-playing*.

Durante a dramatização foi proposta uma leitura diagnóstica do conflito. Depois foram propostas alternativas de abordagem e linhas a seguir, levando em conta a meta terapêutica, a avaliação de recursos e as expectativas hipotéticas do paciente.

No quarto momento, voltamos ao escudo e ao lema do terapeuta, e procuramos entender como eles se refletiam em sua atuação, evidenciada na dramatização e quão próximo se sentia deles.

Na vivência mencionada, o material escolhido pelo grupo, para supervisão, foi trazido por um terapeuta com fantasias amorosas em relação a sua paciente. O motivo da consulta dela tinha sido conflitos de casal e expectativas de separação, com muita ambivalência.

Durante a dramatização era evidente para o grupo que essa paciente precisava resolver outros conflitos, como uma situação de trabalho imediata muito precária, antes de abordar seu casamento.

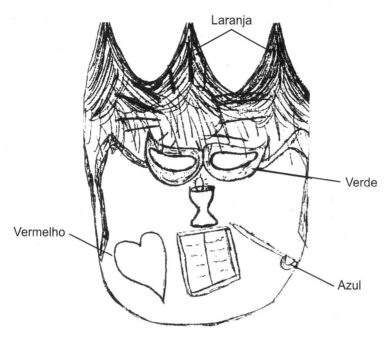

O cair das máscaras

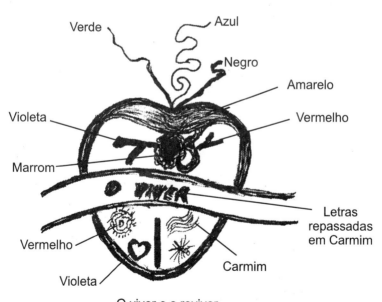

O viver e o reviver

O terapeuta conseguiu compreender que, na fantasia, se propunha como melhor marido que aquele de quem a paciente se queixava. Na continuação, surgiu uma cena do terapeuta, que vivia uma relação em crise com sua própria esposa. A leitura que fizemos ao final foi a de deslocamentos: a paciente deslocava seu problema de trabalho para o marido e vivia aí o conflito. O terapeuta deslocava sua crise de casamento para a paciente e se propunha, na fantasia, como parceiro da paciente, razão pela qual se paralisava. Ao voltar-se para seu escudo, registrou-se um deslocamento do papel de terapeuta para o de marido, em que se sentia não cumpridor de sua própria proposta.

Uma das conseqüências desse tipo de trabalho da identidade do terapeuta, por meio de seu brasão e em particular de seu lema, é a idealização do papel. Constata-se que o lema é depositário de um ideal difícil de cumprir, o que acaba acarretando sofrimento e decepção. A utilidade está na possibilidade de reformular, em termos mais realistas, as possibilidades do papel de psicoterapeuta.

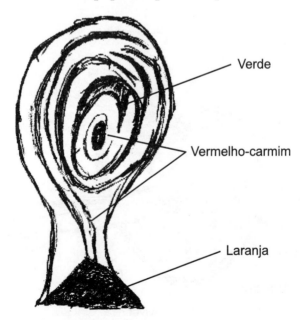

Para terminar a reflexão sobre o papel de supervisor, algo que me preocupou bastante tempo é como compatibilizar o enquadramento do supervisor com o do supervisionando, e se é possível não impor um enquadramento próprio.

Não é fácil responder a essas perguntas. Pichón-Rivière, que trabalhou em diferentes áreas de psicoterapia (individual, grupal, familiar, institucional) e em psicologia social, falava do Esquema Conceitual Referencial Operativo: Ecro. Ou seja, não se atendo rigidamente a uma linha em particular, enfatizava que era importante que o coordenador, ou o supervisor, tivesse suficientemente claro seu esquema conceitual, para usá-lo como referencial e, a partir daí, poder operar. Isso aponta mais para uma concepção de ensino e aprendizagem, que chamava "aprender a aprender", ou matriz de aprendizagem, do que para uma linha em particular, que freqüentemente cai na ortodoxia.

Quando o supervisor se torna mais experiente e apura seus conceitos, compreende que a supervisão vai além da psicopatologia, mesmo que a englobe. Como não conheço em nosso meio uma aprendizagem específica de supervisor, vai-se fazendo segundo o modelo artesanal de aprendiz e mestre, ligado a um interesse pessoal, ou às vezes por força das circunstâncias.

Isso me estimulou a propor uma supervisão para supervisores. Encontrei algumas dessas inquietações bem desenvolvidas no livro de Antony Williams sobre supervisão, no qual fica evidente que em países como Austrália, Inglaterra ou Estados Unidos, onde a psicoterapia é mais abrangente em termos de conselheiros, laborterapeutas, psicoterapeutas ou coordenadores de diversas atividades, a supervisão se recorta como atividade mais autônoma.

Referências bibliográficas

Fox-Davies, A. Ch. *Heraldry*. New York, Ed. Dover Publications Inc., 1991.

Kesselman, H. *HIPERVÕNCULO* http://www.clinicagrupal.com.ar, www.clinicagrupal.com.ar. Página Web.

Villaseca, G. e Roitman, A. *Una clínica grupal psicodramática templada en tiempos de crisis*. Forum, IAGP, 2000.

_____. *Control, Supervisión, Co-visión*. Página web: HIPERVÕNCULO http://www.psicodrama.org – www.psicodrama.org.

Williams, A. *Visual and active Supervision. Roles, Focus, Technique*. New York-London, WW Norton Company, 1995.

A Figura Articulada

11

Em Nome do Pai[1]

Este nome foi emprestado do filme homônimo. Acredito que se refere à invocação "Em nome do Pai, do Filho e do Espírito Santo". Penso que é esse sentido invocatório que me atrai, para referir-me à figura do pai. "Colocar-se sob a proteção de". O pai como referencial, como modelo, como princípio ordenador e como respaldo. O pai como aval de uma legalidade que introduz e sustenta a lei. O pai, representante da castração que, embora simbólica, habilita a criatividade. São essas as funções do pai?

Durante o curso, em certo momento distribuo folhas de papel e proponho que cada um responda a "o que é um pai". Estas são algumas das respostas: guia, provedor, introdutor na cultura, genitor, modelo, segurança, o que corta a simbiose, introdutor da lei, o que confirma, o que dá um nome.

Philippe Julien, num interessante ensaio do qual falarei mais adiante, propõe que não é possível responder a essa pergunta. O máximo que alguém pode responder é o que é ter tido um pai. É assombroso comprovar como a humanidade custou a descobrir qual era a verdadeira participação

---

1. Este capítulo foi elaborado a partir de um curso ministrado no XI Congresso de Psicodrama da Federação Brasileira de Psicodrama, em 1998, em três aulas em dias sucessivos, filmadas em vídeo.

do homem na geração e aqui falamos do "pai biológico". É esse um pai?

O pai vem associado à idéia de Deus. Para Freud, a concepção de Deus é subsidiária da relação com o pai. Moreno publica *As palavras do pai*, usando o termo como o criador.

Durante séculos, a seqüência foi: Deus – o rei – o pai.

O lugar do pai tem algo de enigmático e perigoso. Moreno publica *Das Testament des Vaters*, de forma anônima. Só assume sua "paternidade" muitos anos depois, quando da publicação em inglês. Freud escreve o ensaio sobre Moisés, *El Moisés de Miguel Angel* e se nega a publicá-lo. Só concorda em fazê-lo, anonimamente, na revista *Imago* e dez anos depois reconhece esse "filho do amor". O ensaio analisa a escultura de Michelangelo, mas faz conjecturas sobre Moisés, pai do povo judeu. Freud também teve muita resistência em publicar outro trabalho, *Moisés y la religion monoteísta*.

Em 1963, Lacan começa o Seminário "Os nomes do pai", dá uma única aula que coincide com sua expulsão da IPA,* não continua o seminário e promete não falar nunca mais dele, coisa que cumpriu.

Não tenho resposta para essas atitudes, mas não deixo de relacioná-las com o tema do pai, nesses três verdadeiros "pais".

Meu interesse pela figura do pai é conseqüência de meu trabalho clínico. As dificuldades de muitos pacientes para tomarem decisões, gerarem projetos e pô-los em prática, atuarem sem compulsão, descobrirem e defenderem metas e ideais me apontam para a inscrição da relação com o pai, ligada ao ideal do ego, o superego e os valores.

Tudo o que foi escrito por historiadores, antropólogos e semiólogos sobre a figura do pai me apaixonou. Terminei entendendo que a importância do pai está relacionada com o fato de que, ao menos historicamente, representa o articulador entre o público e o privado, o social e o psicológico.

---

* International Psychoanalysis Association. (N. T.)

Moreno afirma que, ao sair da matriz de identidade (papéis psicossomáticos – a mãe), se instala a brecha entre fantasia e realidade e surgem os papéis sociais (o pai) e os papéis psicodramáticos (Deus).

Para a subjetividade, a experiência do pai e da mãe são muito diferentes. A mãe é evidente, é visceral, sensorial, carne de minha carne, ligada à intimidade, o familiar. O pai é uma construção, uma inferência, algo que se deve aceitar. O provérbio latino dizia: *"Mater certissima, pater semper incertus"*. Referindo-se a isso, Freud falava, contribuindo para a metáfora paterna, do progresso da inteligência, do tempo do pensamento sobre o sensorial.

Isso, entendo, tem importantes conseqüências. Abordarei em princípio o aspecto histórico e depois o clínico. Para o primeiro, tomo como base um ensaio de Philippe Julien: *El manto de Noé: ensayo sobre la paternidad*.

Fala-se com freqüência do declínio social do pai, como referência à debilitação e diluição de sua figura. Minha hipótese é que, como conseqüência da dificuldade para conseguir a compreensão da paternidade, foram geradas mitologias que confundiram o pai com a paternidade e o patriarcado. Isso me leva a pensar num declínio social do patriarcado (não do pai), evidente no desaparecimento do "pátrio poder", que cede lugar aos "novos pais" e à "autoridade parental compartilhada" de nossa época.

Isso certamente não está desvinculado das mudanças políticas, sociais e econômicas, não se instala facilmente no imaginário social e tem repercutido especialmente na subjetividade masculina quanto ao lugar do pai como ser, e o que se espera de um bom pai. Parafraseando Winnicott, ser um pai "suficientemente bom".

Disse a historiadora Yvonne Knibiehler: "Em cada volta da civilização, no passado, houve novos pais, porque a paternidade é uma instituição sociocultural que se transforma incessantemente, sob a pressão de múltiplos fatores. Tomar consciência dessas mudanças pode ajudar-nos a compreender e a aceitar melhor as transformações que nós mesmos sofremos".

Referências históricas

Em seu ensaio sobre a paternidade, Julien aborda um triplo declínio, uma tripla dimensão e um triplo enunciado.

Um triplo declínio: A cada uma das definições do ser pai corresponde hoje um cancelamento específico. Para designá-lo, nada melhor que falar em termos de direitos: direitos sobre o filho, direitos do filho, direitos ao filho.

O direito sobre o filho: Originalmente se considera pai não o homem de uma mulher, mas sim o amo, o que dirige a cidade. A paternidade é, no início, política e religiosa, e não é familiar senão como conseqüência.

Benveniste demonstrou que o adjetivo *"patrius"* não se refere ao pai físico mas ao pai dentro do parentesco classificatório (*Le vocabulaire des institutions indoeuropéennes*). Assim, o pátrio poder é o poder de gerar que instaura, pelo nome próprio, uma linhagem classificatória, antes do ser físico ou de consangüinidade. A pátria é a descendência social e jurídica que provém dos pais fundadores.

Na cidade romana, o imperador é o *"pater patriae"*, os senadores *"patres"* e os cidadãos *"patrici"*. Desse modo, vivem essa paternidade instauradora de um laço social, determinado fundamentalmente não pelo sangue, mas pela palavra, justamente chamada "paterna". Desse sentido originário do pai (amo) se desdobra como conseqüência a paternidade familiar. Porque é o amo político e religioso, o pai é o amo da casa, o *"dominus"*.

Na origem da cultura européia, a paternidade era adotiva e voluntária: "Na Roma antiga – diz Philippe Ariès – depois do nascimento a criança era depositada no solo, diante do pai, e este a reconhecia levantando-a; era como um segundo nascimento, um nascimento não biológico, comparável à adoção".

Com efeito, um homem gerava um filho "porque" era pai e não o inverso.

O que define o ser pai não é a coação do sangue, mas o ato do amo que toma posse de uma criança e declara publicamente: "Eu 'sou' o pai".

Com base nisso se estabelecem os direitos do pai "sobre" o filho: direito de vida e morte (qualquer que seja a idade do filho ou filha), direito de castigo, direito de encarceramento, direito de decisão sobre o matrimônio de seu filho ou filha em atenção aos interesses que há de salvaguardar.

Essa definição do ser-pai sofre uma constante deterioração. No século XVIII se inicia uma grande mudança: a sociedade se funda sobre a fraternidade e já não sobre a paternidade. Na França, a execução de Luís XVI é o sintoma social disso: não foi acaso um parricídio?

Rousseau propõe: "Em lugar de dizer que a sociedade deriva do poder paterno, diria que, ao contrário, é dela que esse poder extrai sua força principal" (*Discurso sobre el origen de la desigualdad*).

A autoridade paterna, que dizia respeito, indivisivelmente, à sociedade política, religiosa e familiar, passa a centrar-se, com o ideal burguês do século XIX, exclusivamente na família.

A *"patria potestas"* é somente o poder de ter uma mulher e, por intermédio dela, filhos. Daí surge a nova força do adágio jurídico romano que define a paternidade: *"Pater is est quiem nuptiae demonstrarent"*, o matrimônio designa o pai. Assim, o filho tem por pai o marido da mãe.

Esse declínio não data do século XVIII. Vinha operando lentamente e durante séculos sob a influência da Igreja, antes que o Estado moderno tomasse pouco a pouco o poder.

O cristianismo relativizou o direito romano do *"pater familias"* sobre seus filhos. O cristianismo pede à Igreja, de quem é servidor e não amo, o batismo de seus próprios filhos e os introduz em outra filiação.

Igreja ou Estado, de qualquer maneira e graças a isso, algo novo entra em jogo: já não mais o único direito do pai "sobre" o filho, mas o direito "do" filho.

O direito do filho: Uma segunda definição do ser-pai, mais recente, mais burguesa, resulta do reconhecimento, sobretudo a partir do século XIX, dos direitos do filho. Todo filho tem direitos cada vez mais numerosos e precisos em razão de seu "bem", de seu interesse, de seu "bem-estar". Disso se depreende uma nova definição do ser-pai, concebida em termos de papéis a desempenhar e tarefas a cumprir. É pai o que "cuida" realmente do filho, isto é, o que responde a seus direitos, direitos não só a conservar a vida, mas também a entrar no mundo da cultura e a integrar-se na sociedade dos adultos.

Nasce uma bela imagem, a do "pai-educador", exaltada por Diderot e Rousseau. Personifica-se no século XIX com a família nuclear, urbana e burguesa. Expande-se no século XX com o que se chama o "novo pai", o que pega no colo, troca fraldas, brinca.

Essa definição do ser-pai, porém, é frágil, na mesma medida em que designa tarefas ou funções a cumprir em razão do interesse, do bem e do bem-estar do filho. Com efeito, essa função pode ser desempenhada, a justo título, por outros igualmente capazes, se não mais, de introduzir a criança na sociedade, na educação nacional e na cultura humana.

A sociedade civil intervém entre o filho e o pai, pelos representantes da lei, para salvaguardar os direitos de filiação da criança; mediante os pediatras, para construir o prontuário médico; por meio dos puericultores, para iniciar o filho na socialização. Assim, um suposto saber adquirido e possuído por aqueles que intervêm, em torno da criança, implica uma ética subjacente reconhecida ou não.

A paternidade "ocupacional" se tornou social: é partilhada, fragmentada, plural e, em conseqüência e por definição, intercambiável. A essa relativização do pai se acrescenta outra que provém do lugar designado à mãe pela lei civil.

Tem um saber que nenhum homem, nem sequer o melhor do mundo, poderia verdadeiramente substituir ou imaginar. Por isso, se o pai é intercambiável em seu papel de educador, a mãe, ao contrário, não o é, e não pode ser substituída pelo pai.

Como decorrência, devido à crescente intervenção do Estado e ao papel insubstituível atribuído à mãe no que diz respeito ao filho, se apresenta uma segunda deterioração social da paternidade.

O direito ao filho: Julien se pergunta: "Mas, enfim, não subsiste ao menos uma definição irredutível e necessária do ser pai? Pai é simplesmente o genitor do filho. Não é este um fundamento sólido e uma rocha indiscutível?".

Assim é como se falará de "paternidade biológica" e em nome dessa se verá então quebrado o velho pilar da paternidade e da filiação: pai é o que as núpcias designam.

Aonde nos conduz esse caminho? Quando se quer fundar a paternidade na "verdade" biológica, aparece mais que nunca sua fragilidade. Com a ajuda do "corpo médico", as procriações chamadas "artificiais" permitem a uma mulher ter um filho sem encontro sexual com um genitor. Assim, com a Inseminação Artificial com Doador (IAD), a noção de "paternidade biológica" se torna irrisória.

E por que não? Robert Badinet dizia em Viena, em 20 de março de 1985, segundo critérios puramente biológicos: "Se, para procriar, o homem tem necessidade da mulher, a mulher já pode não ter necessidade do homem!".

Concluindo, tanto em se tratando do direito sobre o filho como do direito do filho ou ao filho, de todas as maneiras o discurso social sustenta cada vez menos o ser-pai. É disso que fala o declínio social dos pais.

Como disse anteriormente, para mim se trata do declínio social do patriarcado.

Evidentemente, a paternidade passa por outro ponto. Seguindo com o *Ensaio sobre a paternidade* que usei como base para o curso, Julien afirma que ante a pergunta "que é 'ser' um pai?" não há resposta decisiva. De sua perspectiva se pode propor: que é para um filho, para uma filha, ter um pai? O que permite a um sujeito poder dizer que "teve" um pai? Segundo Lacan, pode-se responder a partir de três dimensões que permitem aceitar uma filiação, três funções de uma verdade paterna que se desdobram sucessivamente.

O pai como nome: originalmente, para a criança, o pai é instaurado como nome pela mãe. Para o filho é a mãe quem inscreve um lugar na ordem simbólica, um lugar vazio que depois tal homem poderá ocupar à sua maneira. Não basta que esse homem que vem ocupar o lugar declare "eu sou o pai", deve fazê-lo na medida em que o lugar vazio esteja ali. Isso implica que o desejo da mãe não se esgota no filho. O reconhecimento de sua incompletude dirige seu desejo até um homem, que no filho se inscreve como "o nome do pai". Este que "completa a mãe se inscreve como referência, como suporte, como 'metáfora paterna' no inconsciente, que em momentos críticos permite manter uma coerência". Se não se gerou esse lugar, se o pai foi repudiado,* permanece um vazio, um vácuo que ante exigências existenciais será preenchido pelo delírio.

Vale a pena lembrar que a expressão "o nome do pai" é tradução literal do francês. Em português seria "o sobrenome do pai", já que em francês *nom* corresponde ao nosso "sobrenome". Desse modo, fica mais claro que se alude à inscrição, a uma origem, a uma linhagem.

O pai como imagem: O pai imaginário "provém" do filho. Aos cinco ou seis anos, aproximadamente, no

---

* No original, "forcluído", de "forclusion", tradução feita por Lacan do termo alemão "Verwerfung", rejeição, repúdio. (Trad. realizada com esclarecimentos do próprio autor.) (N. T.)

momento do declínio do Édipo e da interiorização do superego, o filho, homem ou mulher, apaga o pai real. Desdobra-o, recobrindo-o por um pai imaginário. Forja uma imagem paterna digna de ser admirada e a sustenta com feições de um homem bonito, forte, viril, encontrado nas histórias infantis, na televisão, na literatura, na escola entre os professores. Basta que viva um pouco essa autoridade cuja origem é essencialmente política e religiosa, muito mais que familiar.

Percebe-se nesse pai poderoso, onipotente, o que Freud chamava o "pai provedor". É erigido como amo legislador, que faz a lei e não seu representante. Esse pai mítico é a imagem de um pai-amo, que responde ao desejo da criança. Esse pai é buscado, desejado, porque é promovido como digno de ser amado.

Esse pai é não só erigido como amo, mas também como criador do filho. Não é "um" pai entre outros, mas "o" pai, esse que o fez. É responsável pelo que o filho é e, conseqüentemente, pelo que não é. Ah! Ali está a censura, a pergunta: "Por que, então, ele me fez tão mal?". Certamente, ele é digno de amor, mas "por que então não me ama como eu desejaria?".

Temos muitas censuras a fazer a esse pai criador, por não ter realizado tudo, tudo o que poderia ter feito... se quisesse. Poderia, já que era todo-poderoso. Por que não quis? Não há respostas para essa pergunta. Essa reprovação continuará, portanto, enquanto não se realize o luto desse pai ideal.

A renúncia ao amor, pelo poder de tal pai, supõe "necessariamente" passar por um momento de ódio contra ele, a fim de que o luto se dê, o que ocorre mediante o reconhecimento do próprio ódio em relação a si mesmo.

Sob que condições se percorre esse caminho de desencanto?

O pai como homem de uma mulher: Responder a essa pergunta, disse Julien, é abordar a terceira dimensão da paternidade: o "real" do pai. O pai real é o que introduz o impossível. É ele que consegue transmitir a impossibilidade de que a toda verdade corresponda seu saber. A criança tem um pai real na medida em que esse homem é o que fez de uma mulher (essa a quem chamo mãe) o objeto de seu desejo. É o momento de reconhecer-se em sua incompletude.

Com efeito, o pai real é aquele que, encontrando seu prazer junto a sua mulher, não vai buscá-lo na relação com o filho. Sobretudo, não fará a lei voltando-se para o filho, invadindo o campo de seu filho ou de sua filha.

Nada pior do que o pai que, em vez de ser o representante da lei, se faz legislador e faz a lei identificando-se com ela. O pai real permite responder à pergunta que o filho se coloca sobre o pai imaginário: como fazer esse luto, para além do amor e do ódio, do pai ideal?

Poderá fazer esse luto se tiver um pai real, isto é, um homem que não endossa, que não se identifica com a imagem de um pai todo-poderoso, de um amo, de um educador que faz a lei.

O pai como identificação

Complementando a abordagem histórica e estruturalista da paternidade, com base no *manto de Noé*, quero ampliar o olhar sobre o que me é mais útil na clínica: o pai como identificação.

G., de 42 anos, casado, com três filhos, é um excelente profissional numa área bastante sofisticada. Chefe de uma área, tem boa relação com seus pares e subordinados, habilidade com clientes e fornecedores e uma relação que poderia chamar de "passional" com seu superior. Não se sente reconhecido por ele, sente-se deixado de lado, humilhado, estafado e tratado quase como um delinqüente. Isso provoca discussões e desencontros permanentes, que o tem levado ao limite da violência física, por um lado, e a importantes patologias somáticas, por outro.

O modo habitual de referir-se ao comportamento do chefe, que é o diretor da instituição, é: "Não pode ser que...", "Um homem com seu prestígio deveria...", "Apesar de seus títulos é um miserável, é manipulado por sua mulher", "É um cara pobre", "Vive em permanente competição comigo".

O antecedente de uma relação similar com um chefe anterior, que terminou numa discussão violenta, ameaçando agredi-lo e pedindo demissão, ajuda-nos a pensar qual a qualidade de personagens que essas figuras têm, qualidade essa mais ligada ao lugar que ocupam do que às pessoas. Os pais de G. se separaram quando ele tinha nove anos e ele continuou vivendo com a mãe e um irmão mais velho. Ninguém lhe disse, nunca, o que tinha acontecido. O pai continuou aparecendo com certa regularidade e agiu sempre como se nada tivesse mudado.

Seus pais, aparentemente, nunca tiveram problemas. Simplesmente, um dia seu pai foi viver em outro lugar e depois casou-se novamente. O pai continuou insistindo em que tudo estava bem.

A mãe de G. sempre se sentiu muito envergonhada, não voltou a se casar e morreu dez anos depois, de câncer. G. estudou e se especializou na mesma profissão que seu pai. Mantém com ele uma relação socialmente correta, mas nunca conseguiu relacionar-se bem com a nova esposa dele e com os dois filhos que tiveram. Cada reunião familiar, como festas de fim de ano ou aniversários, é um sofrimento pela divisão entre as reclamações de seu pai e o sentimento de rejeição pela atual mulher dele.

Quando estabeleço relação entre os conflitos com o chefe e o relacionamento com o pai, ele responde que tem a sensação de nunca ter tido pai. Pondero que a vida lhe deve um pai, com o que G. concorda. Na verdade, os chefes deveriam compensar essa carência, mas necessariamente nunca estão à altura daquele pai idealizado e denegrido, que é o personagem com o qual G. se vincula.

G. não é psicótico, concordou em instalar o nome do pai, o que lhe permitiu um bom desempenho profissional e um desempenho familiar satisfatório, mas teve um pai-amo que não lhe permitiu fazer o luto do pai imaginário, com o qual continua lutando na figura dos chefes.

Não só a partir do biológico tem sido difícil aceitar o papel da paternidade. A conceituação é também complexa e variada. O objeto parental idealizado, o grande outro, o significante primordial, o superego, são aproximações à compreensão do papel da função paterna.

A partir da teoria das identificações, isso é pensado primeiro como objeto e modelo, nos fundamentos do ser. Depois, numa identificação hostil como aquele que interdita. Finalmente, como expressão do triunfo do pensamento sobre a "sensorialidade", como representante de uma origem e pertencente a uma linhagem.

Desse modo, a função paterna, e não só o pai, aparece como expressão do princípio de realidade. Da necessidade de postergação e produção do novo para dar lugar a outras realizações.

Assim, a figura do pai, presente e coerente, dá sentido ao adiamento da satisfação imediata, à realização como expressão do esforço. Essa presença e coerência se instalam como instância que promove um sentimento de bem-estar e orgulho.

Essa instância interior aparece como um aspecto normativo, o que está bem e o que está mal, e posteriormente ético, que é o produto mais elaborado da função paterna. Por outro lado, dá lugar à geração de metas e ideais como estímulos para a ação.

Quando há falhas na presença e na coerência, temos manifestações que podemos enfeixar como "desautorização da palavra paterna", na forma como ocorre com G. diante da autoridade, da normatividade e das metas e dos ideais, seja pelo desafio ou por meio da inibição e do bloqueio.

Referências bibliográficas

Balmës, F. *El nombre, la ley, la voz. Freud y Moisés: Escrituras del padre 2*. Barcelona, Editorial del Serbal, 1999.

Dor, Joil. *El padre y su funcion en Psicoanálisis*. Buenos Aires, Editorial Nueva Visión, 1998.

Julien, P. *El Manto de Noé (ensayo sobre la paternidad)*. Buenos Aires, Alianza Editorial, 1993.

Lemérer, B. *Los dos Moisés de Freud (1914, 1934) Freud y Moisés: Escrituras del padre 1*. Barcelona, Editorial del Serbal, 1999.

Maldavsky, D. *Procesos y estructuras vinculares. Mecanismos, erogeneidad y lógicas*. Buenos Aires, Editorial Nueva Visión, 1991.

Moreno, J. L. *Las palabras del padre*. Buenos Aires, Editorial Vancu, 1976.

Rabinovich, N. G. *El nombre del Padre. Articulaciones entre la letra, la ley y el goce*. Rosario, Editorial Homo Sapiens, 1998.

Rabinovich, S. *Escrituras del Asesinato. Freud y Moisés: Escrituras del padre 3*. Barcelona, Editorial del Serbal, 2000.

This, B. *El Padre: Acto de Nacimiento*. Buenos Aires, Editorial Paidós, 1996.

Tubert, S. (ed.). *Figuras del Padre*. Madri, Editorial Cátedra, 1997.

ARTICULAÇÕES E PSICOPATOLOGIA

12

Psicodrama e Transtornos do Caráter[1]

O tema narcisismo, que tem recebido especial atenção há vários anos, obedece, em minha opinião, à necessidade de contar com hipóteses que dêem conta do tipo de patologia que mais freqüenta nossa prática na atualidade.

Essa expressão deixou de ter o sentido específico que lhe deu a psicanálise, desde Freud, para aludir às psicoses e diferenciá-las das neuroses.

Passou a ser patrimônio cultural, como o foram em sua época a histeria ou o complexo de Édipo. Isso pode gerar certa confusão. Disse Kohut: "Mesmo que nas considerações teóricas se aceite que o narcisismo, ou a carga libidinal do self, não é, em si, patológico nem nocivo, existe compreensível tendência a avaliá-lo negativamente, quando se deixa o campo da teoria".

Essa frase é encontrada no início de um interessante trabalho, *Formas y Transformaciones del Narcisismo*, de 1996, no qual Kohut trata do narcisismo transformado e a integração das "estruturas psicológicas primitivas na personalidade madura".

---

1. Publicado em Jensen, K. (org.). *Psychotherapie psichodramatisch*. Aachen, Shaker, 2001.

A integração da personalidade madura se reflete no caráter (mais adiante faço referência aos termos personalidade e caráter).

As transformações saudáveis do narcisismo primitivo se expressam na criatividade do homem, em sua capacidade de empatia, de aceitar sua própria finitude, em seu sentido do humor e em sua sabedoria.

O bloqueio das transformações, decorrentes das "feridas narcisistas", se manifesta nas perturbações do caráter ou caracteropatias, cujas expressões e abordagem me proponho desenvolver com ajuda de conceitos psicodramáticos e psicanalíticos.

O material clínico

Mara é uma mulher miúda, de aparência fora de moda. Veste-se quase sempre com roupa escura, tem o cabelo não muito cuidado, nunca se maquila. Veste habitualmente blusa e calça comprida, com um colete curto de lã e suspensórios. Carrega uma mochila de tecido escocês. Sua aparência pragmática e pouco sedutora não condiz com sua idade, 46 anos, e sua situação de mãe de sete filhos, o caçula com doze anos.

Tratamo-nos por senhor e senhora, apesar da proximidade de nossas idades, ou talvez por causa dela. Mara me procurou há alguns anos. Fez uma interrupção de aproximadamente quatro meses e, mais tarde, devido a duas viagens ao exterior, quase outros dois meses. Na verdade, fez cerca de um ano e meio de terapia efetiva, com uma sessão semanal de uma hora – por razões de distância e de motivação.

Não teria pensado num tratamento psicoterápico, não fosse a circunstância que a trouxe ao consultório: a comunicação, por parte de seu marido, de que não a amava e desejava separar-se. Seu casamento havia durado 22 anos e teve sete filhos.

O esposo, Aldo, um pouco mais velho que ela (54 anos), tinha feito psicoterapia durante pouco mais de cinco anos com uma mulher bem mais nova, por quem se apaixonou e, antes da interrupção do tratamento, foi correspondido. Resultou que a terapeuta passou a ser sua amante.

Essa mulher, que também se chama Mara, é conhecida da família, pois cinco anos antes tinha feito algumas sessões de terapia familiar, devido a problemas de comportamento de um dos filhos – em particular, referentes à alimentação – e como conseqüência tratou também desse filho.

Aldo é um empresário de sucesso em seu ramo, com grande capacidade de trabalho e eficiência.

Mara estudou psicopedagogia. É a mais nova de cinco irmãos, três mulheres e dois homens. O pai, um advogado ligado ao ambiente empresarial e administrativo como assessor, teve certo reconhecimento público devido à sua militância política na Democracia Cristã e em instituições empresariais. A mãe se dedicava à atividade docente. Ambos faleceram há alguns anos.

Mara fez os estágios de sua especialidade, psicopedagogia, mas não se graduou por não ter apresentado sua tese, que já estava relativamente encaminhada quando nasceu seu segundo filho. Essa gravidez foi muito próxima da primeira e bastante complicada, devido a perdas hemorrágicas que a obrigaram a ficar de repouso enquanto cuidava de seu filho mais velho.

Daí em diante abandonou sua carreira, devido a essas circunstâncias, e dirigiu toda sua energia à maternidade e aos cuidados da casa, o que fez com especial eficiência, ao menos em termos quantitativos, já que conseguiu o inusual número de sete filhos e uma mansão numa zona residencial.

Manteve, com o marido, uma divisão de tarefas eficaz. Ele se dedicou a administrar e fazer crescer a empresa e ela, a cuidar e fazer crescer a família. Apesar de ser vice-presidenta, nunca se ocupou da empresa, e ignora tudo o que se refere a seu funcionamento. Por sua vez, ele ignora ou ignorava o que dizia respeito aos filhos.

Quando os mais velhos entraram na adolescência, Aldo teve algumas crises de descontrole que, somadas à abulia apresentada pelo primogênito, decidiu fazer uma consulta e ele foi encaminhado para tratamento individual.

Quando da proposta de separação, Mara sofre um choque: não entende nada do que acontece, simplesmente não pode ser. Aldo esclarece que há muito tempo se sente mal, que tentou evitar e procurou superar, mas já não agüenta mais. Além disso, tem outra pessoa, e ele diz quem é. Monta seu quarto no escritório e seis meses se passam até que ele consegue sair de casa, ante a oposição e o desconcerto de Mara.

No decorrer desses meses, a situação não é oficializada perante os filhos, que perguntam por que o pai dorme no escritório. São dadas razões de trabalho e de comodidade.

Aldo insiste para que a mulher inicie uma terapia, para que aceite a situação. Mara não admite essa realidade e não quer se consultar. Ele lhe diz que essa atitude "compreensiva" dela é intolerável e reafirma sua decisão.

Mara, enfim, sofre um episódio confusional: perde-se em seu próprio bairro e decide consultar-se. O atual terapeuta do marido me indica.

Na primeira entrevista, Mara relata secamente sua situação e explica em parte sua dificuldade de consultar-se por um sentimento de humilhação: teme ser vista como uma boba. Ironiza a situação, dizendo: "Venho ao psicanalista porque meu marido me trocou por uma mulher mais jovem. Que material para uma telenovela!". Essa tendência de ironizar, se autodenegrindo, é um traço que aparece com freqüência.

Sua fala, nas primeiras consultas, destina-se a me demonstrar como seu marido está "equivocado". Na realidade, seu ex-marido, ainda que nessa época ele ainda esteja no escritório. Insiste em que não há motivo para que ele tenha tomado essa decisão. Procuro fazer com que entenda que essa questão não é da alçada dela, pois ele age com motivações próprias. Mara sabe disso, mas é mais forte que ela e persiste no papel "materno", de que sabe o que é bom para ele. A contraparte dessa atitude é que ele não tem direito de agir desse modo. Não pode ser que alguém tente sair de uma relação depois de 22 anos. Digo: talvez tenha razão, mas a realidade é outra.

Em resumo, o que espera de mim é que eu confirme o que ela pensa, ou então que lhe explique por que o marido age dessa maneira. Minha posição não é fácil, porque eu não posso fazer nem uma coisa nem outra, e no entanto preciso criar um espaço para essa realidade decepcionante.

Começa a circular a palavra simbiose. A rigor, não sei como aparece, por mais que seja disso que se trata. Imagino que alguém deve ter-lhe dito e ela a trouxe, pois não é meu estilo usar termos técnicos na relação, quando são só um rótulo. Trabalhando ao redor disso, a forte delegação mútua de papéis começa a adquirir algum sentido para ela.

Aparecem então dois personagens: Aldo, que pensa e decide, e Mara, que sente e age. Isso nos permite refazer um pouco da história do casamento: como e quem decidiu o casamento, as compras e vendas das três casas em que viveram, os amigos, as viagens. Quem escolheu os móveis da sala, que até hoje não tolera, ou o quadro que ocupa um lugar central e nunca foi do seu agrado, como também, agora, o momento da separação.

Também entra nisso a quantidade de filhos, que em algumas ocasiões colocou sua vida em risco. "É lógico" que tudo foi decidido por Aldo e ela se foi acomodando, acompanhando-o como se fosse um prolongamento dele.

Agora, quando não importam os motivos, ele se cansou desse papel, Mara começa a registrar sua fraqueza e a dificuldade de tomar decisões, seus conflitos para defender algum espaço próprio, assim como sua inoperância para colocar algum limite. Isso se faz evidente com Aldo e com seus filhos. É como se sua identidade estivesse definida por sua "vocação de serviço", fora disso não existe. Entende que isso dá sentido à vivência de amputação, que é como sente a decisão de Aldo de separar-se.

Nessa fase, procuro oferecer outra perspectiva com técnicas psicodramáticas, mas é inútil. É interessante que a espacialização é aceita em termos verbais, como "cenas" – "personagens" – "papéis", mas não há suficiente integração para poder representar, não consegue vivenciá-las como sendo suas. É como se não conseguisse sair da relação especular.

Aquela inoperância que mencionei para instrumentar limites, gerar um espaço próprio e subjetivizar, protagonizando, seus desejos, a colocam em situações penosas. Entre elas, expor-se às rejeições de Aldo; esperar ansiosa que o ex-marido a convide, quando ele sai com algum ou alguns dos filhos; viver como uma afronta o fato de ele não a convidar para conhecer sua nova casa; aceitar iniciativas, tais como passar um fim de semana juntos, que depois a deixam humilhada. Tudo isso associado ao começar a dar-se conta de que sempre funcionou no casal como um prolongamento, sem autonomia. Isso é muito doloroso. Ao chegarem as férias de verão, propõe suspender o tratamento e ficar livre para decidir quando voltar.

Aceito a proposta, ressalvando que não concordo com ela. Penso, e lhe digo, que, na realidade, ela está em psicoterapia pelo que lhe fizeram e não pelo que sente que lhe acontece. Vivido dessa maneira, o tratamento acaba sendo muito decepcionante e não deixa de ser algo mais, que deve fazer por ele. Ao não insistir em que continuasse, apostava que poderia gerar certo protagonismo para tratar-se.

Dava-me certa tranqüilidade o fato de sentir que, apesar de dizer que sempre trazia a mesma coisa e que eu lhe dizia sempre a mesma coisa, havia uma corrente empática forte. Assim, com tudo isso, esperei confiante.

Depois desse lapso de tempo que já mencionei – uns quatro meses –, pede-me para retomar o tratamento, em parte porque um de seus filhos não anda bem, mas basicamente porque ela não se sente bem.

A interrupção foi útil. As coisas em sua vida não tinham mudado, mas ela percebeu, quando eu insistia em que ela devia ver o que lhe acontecia. Percebi que tinha mais consciência de que algo acontecia com ela, mesmo que fosse do tipo "sou um desastre", "não faço nada do que me proponho", "continuo dependente do Aldo".

Sua militância maternal continuava muito intensa. Estivera trabalhando muito com um de seus filhos, que esteve a ponto de perder o ano escolar e conseguiu render o necessário para superar o problema. Também ajudava o fato de que Aldo havia começado a ocupar-se mais dos filhos e isso lhe permitia inteirar-se de algumas necessidade próprias. Mantém e intensifica seus estudos de idiomas e procura imaginar uma atividade própria, separada do lar e dos filhos.

Nessa época, o momento mais crítico – diria decisivo – acontece perto do dia dos pais. Numa sessão anterior, se propusera a não fazer nada – como costumava fazer antes – em comemoração a essa data, pelo fato de Aldo não ser seu pai. Com esforço, consegue manter-se a distância, mas no dia seguinte, que é feriado, saem para comer fora e como Mara está em casa, apesar de ter pensado em sair para outro lugar, Aldo a convida e ela aceita.

Em meio a um tema corriqueiro, enquanto almoçam com a maioria dos filhos, ela começa a atacá-lo e a reprová-lo pelo abandono. Joga-lhe na cara que seria melhor que pensasse em seu comportamento em vez de falar com os outros como se fosse dono da verdade. Não consegue conter o choro e arma o que se chama uma "cena lamentável".

Isso a deixa arrasada. Depois, telefona para Aldo e se desculpa. Chega à sessão, no dia seguinte, com um sentimento de profunda humilhação e desalento. Fica difícil contê-la e conseguir dela certa compreensão de seu comportamento, mas isso funciona como "tocar fundo", já que daí em diante começa a se perceber mais. Pouco tempo depois faz uma sessão que vejo como indicativa de uma nova perspectiva.

Uma sessão psicodramática

Depois de refletir sobre as situações anteriores, Mara diz perceber que há mudanças, mas que são externas, já que por dentro sente que nada mudou. Eu penso comigo que é verdade e lhe proponho que procuremos aprofundar utilizando o psicodrama.

Peço-lhe que descreva a Mara diferente, aquela que havia mudado, começando pela aparência. Ela a descreve como alguém com o cabelo alisado, mais longo, bem arrumado (tingido, sem raízes de outra cor, como agora), vestida com elegância, usando mais enfeites e roupa de melhor qualidade. Decidida, ativa, em movimento e sabendo o que quer.

Até esse momento, ela permanece em seu lugar, eu não lhe havia pedido que se movesse, estou tentando um aquecimento sem exigências e ela mostra boa disposição. Peço-lhe que procure ver essa Mara. Diz que sim, que pode fazê-lo. Coloco uma almofada que a representa, consultando-a sobre a distância. Pergunto-lhe então o que sente que a separa dela, o que a impede de ser essa Mara.

Em primeiro lugar, medo e vergonha (coloco mais uma almofada), comodidade (coloco outra), inibições (outra almofada), sentimento de incapacidade e inadequação (outra mais). Agora há uma parede entre ela e essa Mara ideal, desejável. Proponho que se concentre para ver qual dessas quatro é mais importante nesse momento. Rapidamente diz a comodidade. Solicito uma troca de papéis com a comodidade (esse é o primeiro deslocamento que realiza) e ela não tem nenhuma dificuldade em fazê-lo.

No lugar da comodidade, que primeiro ocupa em pé, começa a dizer a Mara: "Não se esforce, aproveite a situação, você já trabalhou demais". Neste momento se senta, porque a comodidade faz o menor esforço possível, e continua: "Para que ler, se há vídeos, gaste tudo o que puder, aproveite a situação econômica que tem. Para que complicar-se, se ninguém reconhece você, tudo é tão difícil". Acrescenta várias reflexões nessa linha, e, quando fica em silêncio, peço que volte ao lugar de Mara e responda. Diz: "Bem, pode ser que em algumas coisas você tenha razão, mas não me sentiria bem fazendo tudo o que me diz. Seria fechar-se, ilhar-se, converter-se num parasita. Não gosto. Não, dessa maneira eu não chegaria a ser aquela que eu gostaria de ser".

Proponho então que saia desse lugar e se coloque fora da situação, num terceiro lugar (espelho), para buscar alternativas. Move-se com desenvoltura e de fora diz a Mara: "Não se proponha grandes coisas, estabeleça metas próximas. Faça uma lista das pequenas coisas que tem que fazer, por exemplo, preencher os formulários para obter a dupla nacionalidade e entregá-los, que é algo que você vem postergando e que faz você se sentir mal. Mande consertar as coisas que estão pendentes na casa, aquelas que Aldo fazia. Proponha coisas possíveis e próximas. Você se movimenta só quando as situações a empurram ou quando tem que fazer algo para outra pessoa".

Troca de papéis: volta ao lugar de Mara. Para concretizar o que acaba de dizer, coloco outra almofada na frente da que representa a comodidade-passividade. Esta representa as exigências que a empurram e ocultam o Outro do olhar de Mara: os problemas dos filhos, as demandas da escola e da casa, os protestos de Aldo. Dessa forma, não se dá conta de sua passividade e preguiça.

Pensa e diz que sim, nunca lhe sobrou lugar ou tempo para saber o que quer e do que gosta. Como queria ser? Pergunto o que aconteceu que a faz sentir-se preguiçosa e cômoda e não consegue valorizar tudo o que faz, começando pela criação de seus filhos. Responde que sente que é "o que tinha que fazer".

Proponho que troque de papel com o observador e interrogo sobre o que acontece que Mara não consegue se dar conta de sua capacidade. O observador (espelho) responde que lhe parece que é porque não são coisas que ela se propusera, que se sente muito tonta e nunca as faz bem. Digo: "Como que nunca as faz bem? Quem disse isso?". Responde: "Aldo. Ele é tão decidido, tão capaz, parece que sempre sabe o que e como fazer tudo. Por isso, proponho que faça uma lista e a vá cumprindo em prazos curtos". Digo: "É uma boa proposta, mas me ocorre que aqui aparece outro personagem, o que julga ou avalia, aquele que determina como são ou como têm sido feitas as tarefas. Vamos dar um lugar a ele". Peço que saia do lugar do observador e ocupe o do julgador.

Está sentado ao lado de Mara e começa a dizer: "Você não vê que você é uma atrapalhada? Nunca faz nada bem, sempre se complica, se afoga num copo de água. As coisas são mais simples".

Pergunto como se chama o representado. Diz: "É Aldo". Digo: "Bem, temos que examinar atentamente, porque eu aqui não o vejo e, além disso, você conheceu Aldo aos vinte anos, de modo que deve haver antecedentes". Mara responde: "Sim, pode ser. De qualquer maneira, ele se presta muito bem a fazê-lo, pois sempre parece que a única forma de fazer as coisas é a dele. Não lembro que antes alguém me criticasse, mas parece que todos, por eu ser a filha caçula, nunca me faziam muitas exigências".

Peço-lhe que volte ao papel de Mara e que terminemos aqui, pois já nos resta pouco tempo e creio que progredimos bastante. Nos comentários, Mara compartilha ter-se sentido bem e gostado do trabalho.

Pelo tempo transcorrido, essa dramatização foi muito útil e usada como referência para desenvolver e compreender características de Mara. Constitui-se num espaço comum ao qual podemos voltar e ampliar.

Em sessões posteriores, as histórias com Aldo diminuíram e apareceu a relação com seus irmãos e o tipo de vínculo com eles. Também tem havido uma mudança favorável em sua aparência e ela se percebe menos ansiosa e mais eficiente.

Reflexão conceitual

Até aqui foi exposto um trecho da história clínica, seguido de uma intervenção técnica. David Maldavsky, citando Freud, diz com freqüência que a clínica interroga a teoria, isto é, dá trabalho à teoria. O que me responde a teoria a respeito desse histórico? Que interrogações aparecem? A primeira é a surpresa de Mara ante a situação. Isso leva à segunda: como Mara vem funcionando nesse vínculo, para não poder perceber o que acontece? Em terceiro lugar, a serviço de quem aparece essa forma de funcionamento?

Colocadas as interrogações, procuremos um desenvolvimento delas. Chama a atenção nessa mulher sua pouca espontaneidade. Nos termos de Moreno, seu pouco ou nulo fator "e": aquela capacidade de encontrar respostas novas a situações velhas ou respostas adequadas a situações novas. A referência à sua aparência no início do relato mostra isso. Quando Aldo manifesta que quer se separar, a resposta de Mara não é nem adequada nem criativa, ao contrário, ela se aferra ao estabelecido, à conserva cultural. Diz Moreno que não há coisa para a qual o ser humano esteja mais mal preparado do que para a surpresa. Mara relatava, no início do tratamento, sua incredulidade em relação ao que lhe acontecia, a ponto de me fazer pensar numa neurose traumática.

Na segunda interrogação, perguntávamos pelas características de um vínculo que, depois de vinte anos, pode colocar alguém nessa situação. Quero dizer que o trauma que Mara sofre não é um acidente ou um acontecimento súbito, mas se dá num vínculo cotidiano que "está bem" e que de imediato é vivido como estranho. Diante dessa contradição, em que aparece como imprevisível algo que não deveria ser, pensamos num movimento defensivo perante uma dor muito intensa. Mas que tipo de dor? A de uma "ferida narcisista". A teoria começa a responder-nos, temos de pô-la a trabalhar. Algo de Mara, um vínculo que era uma parte de si, não responde a seu controle, comporta-se de maneira estranha. Essa "outra e estranha parte de si", disse Moreno, ao referir-se a um estágio da matriz de identidade que dá base teórica à técnica do espelho em psicodrama, junto com o momento seguinte de fascinação nessa matriz.

Num trabalho anterior (Psicodrama, Narcisismo e Criatividade) busco uma articulação entre conceitos da psicanálise e do psicodrama. É uma das direções em que quero pôr a teoria a trabalhar. A outra é, com essa articulação, aprofundar no material clínico.

Dizíamos que a resposta pouco espontânea de Mara se compreende na perspectiva de um narcisismo ferido, que remete a um momento na matriz de identidade. Esses conceitos – matriz de identidade e narcisismo – são para mim quase superpostos ou pelo menos utilmente articuláveis. Na prática, me dão um suporte para operar, como mostro mais acima.

A terceira pergunta era: a serviço de que operava essa forma de funcionamento? Podemos responder: a serviço de uma estrutura psíquica com características muito especiais, que perdeu a espontaneidade e se cristaliza num sintoma que transforma toda a estrutura. Isso é conhecido como caracteropatia.

Na caracteropatia não há sintoma no sentido médico: algo alheio ao ego perante o qual este reage. O sintoma é ego-sintônico, surge como um sentimento de decepção tingido com diferentes matizes segundo a estrutura de base, seja de pessimismo, de futuro negro, de falta de esperança ou, como no caso de Mara, ligeiramente hipomaníaco.

Quando são mostradas certas contradições, a resposta é "eu sou assim", com o que se tenta bloquear uma interrogação que nos ameaça com uma intensa angústia. Esse "eu sou assim", essa forma de ser, se constitui em couraça defensiva estereotipada. Entendo que é a contrapartida desse outro importante transtorno narcisístico que é o fronteiriço.* Parafraseando a proposta "a neurose é o negativo das

---

* Borderline. (N. T.)

perversões", a caracteropatia é o negativo do *borderline* ou dos transtornos limítrofes.

Diríamos então que ambas as entidades psicopatológicas estão ligadas a transtornos precoces do desenvolvimento, no período do narcisismo primário ou da matriz de identidade total diferenciada. As condições que estimulam uma ou outra resposta estão ligadas a vicissitudes do desenvolvimento. A matriz de identidade de uma caracteropatia, em termos gerais, se refere a um ambiente tradicional, em que se enfatiza o dever ser, a aparência e as formas rígidas. A matriz de identidade de um fronteiriço é em geral alimentada por um ambiente imprevisível, com mudanças ruidosas ou escandalosas, que geram climas catastróficos. Nas caracteropatias, o clima é opressivo, sem matizes. Na abordagem terapêutica, ambas as entidades são muito difíceis e põem à prova a capacidade e disposição do terapeuta.

Arredondando essas pinceladas impressionistas, diria que uma caracteropatia é mais bem aceita e consagrada socialmente.

Eu tinha apontado antes que um de meus interesses neste texto é a articulação de conceitos do psicodrama e da psicanálise, encontrando nessas patologias um campo fértil. Nesse trabalhoso intento descubro, revisando um livro de alguns anos atrás sobre "Teorias da personalidade", que um psicólogo norte-americano, Werner Wolff, escreve: "A preferência européia pelo termo 'caracterologia' em vez de 'personalidade', que é o que se utiliza na investigação norte-americana, reflete sobretudo um ponto de vista diferente. A 'personalidade', palavra proveniente do latim *persona*, faz referência à máscara do ator, refere-se ao desempenho de um papel, ao comportamento observável. O caráter, do grego *gravar*, se refere à estrutura gravada no homem, ao seu comportamento interno. O caráter é um conceito mais absoluto, vinculado com a herança e os determinantes biológicos do comportamento, enquanto a personalidade é um conceito mais relativo, vinculado às influências do ambiente".

A caracterologia se preocupa, sobretudo, com o vínculo do homem consigo mesmo; a personalidade se refere à vinculação do homem com o entorno. Não estaríamos muito longe de dizer que o psicodrama se ocupa da personalidade e a psicanálise do caráter.

Essas observações me têm ajudado a dar forma à idéia de que a hipótese do narcisismo, como a da matriz de identidade, procuram dar conta desse período que começa a moldar a relação do sujeito consigo mesmo e com o seu meio. As patologias narcisistas são uma maneira distorcida de resolver essa encruzilhada.

De volta à clínica

Vamos retornar ao material clínico, para acompanhar como se desdobram, no processo, as alternativas dessa encruzilhada. Esse trabalho terapêutico foi ilustrativo para mim porque, embora individual, está referido todo o tempo ao processamento de um vínculo, que é narcisista porque não consegue relacionar-se com outro mais realista. Por exemplo, Mara sempre soube que Aldo é muito centrado em si mesmo (narcisista, diríamos), mas ainda assim espera alguém generoso e solidário, mesmo que sistematicamente não o encontre. Outro exemplo: durante a segunda gravidez – que foi muito difícil – ambos estavam preparando uma viagem aos Estados Unidos com um grupo de amigos. Como a data do parto coincidia com a época de viajar, Aldo se enfureceu com Mara porque tiveram de renunciar à viagem e se desinteressou completamente pela gravidez. Segundo lembra Mara, essa gravidez-parto foi uma das piores que teve, já que inclusive teve de ficar mais de duas semanas na cama depois de dar à luz. Durante esse tempo, Aldo apenas aparecia e pouco cuidava do filho que já tinham. Foi a mãe de Mara quem se encarregou da situação.

Como conseqüência disso tudo, Mara pensou em separar-se. Uma conversa com Aldo, em que ele explicitou que estava muito aborrecido pela frustração da viagem, a convenceu a acomodar-se (lembremos que na dramatização ela tinha falado de comodidade).

Um episódio similar ocorreu por ocasião do último parto. Mara passou por sério risco de vida, por causa de uma atonia uterina que provocou grandes hemorragias, levando-a a uma intensa anemia. Considerou-se a hipótese de uma histerectomia, evitada pelo risco cirúrgico e pelo fato de ter um bebê recém-nascido. Nem por isso Aldo pareceu muito preocupado, pois tinha muitos problemas na empresa.

Finalmente – só para mencionar o mais grave – um terceiro fato ocorreu por causa de uma infecção urinária crônica em um dos filhos, conseqüência de um refluxo da vesícula, que fez pensar na extirpação de um de seus rins. Esta foi evitada com uma delicadíssima cirurgia reparadora do uréter. Aldo estava preocupado com o custo (muito elevado) da operação e raras vezes ia às consultas. Mara achava que era porque sofria muito.

Enquanto acompanhava os relatos, ao longo das sessões, que se recortavam sobre o pano de fundo da separação, surgia nela a pergunta: "Se eu aceitei tudo isso, como é que ele não reconhece e à menor insatisfação me abandona?". Ouvindo-a falar, eu me perguntava como tinha conseguido suportar tudo isso sozinha, que tipo de monstro era o marido. Então, refletia: "Não, ninguém é monstro" e isso me ajudava, porque a versão dele seria muito diferente. Com certeza, os sinais que Mara dava não o ajudavam muito a avaliar as conseqüências para ela, pelo menos como as vivia agora, pois Mara vivia tudo isso – assim o mostrava nas dramatizações – como se assim devesse ser, isso era o que se esperava dela. Não era para tanto, ao não registrar que isso era o que ela esperava de si, um lugar de auto-suficiência. Aldo era essa "outra e estranha parte de si", como adverte Moreno.

Tratava-se então de uma aliança feita havia muitos anos e que permitia a cada um desempenhar o que melhor e mais facilmente podia e sabia fazer. Permitia a cada um reconhecer-se nessa "parte de si mesmo", como capaz e eficiente, pois devemos reconhecer que cada um, no que fazia, era muito capaz. A aliança se baseava em que cada um necessitava do outro para não reconhecer que não era só isso.

A "outra e estranha parte de si mesmo" poderia ter mostrado que, sem ela, ele não teria tido semelhante família, que seguramente desejava, e ela não teria chegado a tal capacidade econômica que seguramente também desejava.

Nisso consiste a patologia narcisista que chamo caracteropatia, isto é, esse transtorno de personalidade que costura essa aliança, que não apresenta sintomas no sentido tradicional, porque o sintoma é o Outro: como conseqüência, o vínculo. Assim, o sintoma é essa "forma de ser" que possibilita as vicissitudes relatadas e que nos poderiam fazer pensar "que monstro é esse homem!".

É quando a aliança se quebra que pode pensar "como fui estúpida!" ou "como ele é egoísta!", ou, no caso de Aldo, "como agüentei tanto tempo uma mulher como essa!".

Podemos ver então que o reprimido volta na realidade, não no inconsciente. Nesse caso, não falamos de repressão, mas sim de desmentido ou renegação, ou seja, negar que se nega. Isso é possibilitado por uma divisão do ego, uma parte da qual se projeta e constitui essa "outra e estranha parte de si". Podemos colocar a pergunta: quem e por que se quebra essa aliança?

Nesse caso, é Aldo. Em princípio penso que isso acontece com ele porque essa "parte de si mesmo", na qual se assentam as provisões narcisistas, se vê ameaçada, uma vez que tais provisões se baseiam numa "vitalidade juvenil", para sentir-se valioso. A idade de 54 anos, o crescimento e o início da autonomia dos filhos geram insegurança, que procura resolver mediante uma parceira mais jovem e sofisticada, sem filhos e escapando dessa testemunha que é Mara, com seu pragmatismo e seus suspensórios. O narcisismo de Aldo é mais para fora.

No caso de Mara, a auto-estima se assenta sobre seu papel materno, que se vê assegurado com o crescimento e a lealdade dos filhos. É um narcisismo mais para dentro, para ela este é o melhor momento: seus filhos mais novos se encontram numa dependência em relação a ela, mais aduladora do que exigente, enquanto os mais velhos estão começando a se desprender. Uma crise do tipo da de Aldo seria esperável mais adiante, quando os filhos começassem a sair de casa e aparecesse o "ninho vazio".

Reflexão e conclusões

Minha intenção, nesse relato mais ou menos pormenorizado, foi transmitir o quão difícil, e às vezes penoso, é trabalhar com essas patologias. Nisso encontro a inspiração para ampliar e aprofundar nossa teoria e nossa técnica, e para articular aportes conceituais, mesmo com o risco de gerar tumulto epistemológico, fruto das contradições entre as demandas assistenciais e as de rigor teórico.

É difícil e penoso para ambos: terapeuta e paciente. Freud afirmava que a angústia é o motor da cura. Isso funciona mais para as patologias chamadas "edípicas". Nas patologias narcisistas, a angústia quase se converte em inimiga, pois é quando o paciente piora subjetivamente que ele melhora estruturalmente e quase vice-versa. Nisso reside a dificuldade, pois é necessário dosar a frustração, uma vez que os conteúdos a mudar estão muito personalizados e as intervenções são vividas como juízos de valor confirmatórios ou desvalorizantes, por aquele "eu sou assim" ou "é minha forma de ser". É ilustrativo que Mara precisava fazer uma pausa em seu tratamento para decidir continuar. Estamos, como dizem alguns autores, no limite da "analisabilidade".

O sofrimento se faz presente quando se evidencia que essa "outra e estranha parte" é sua e se reaviva a ferida em razão da qual essa resposta foi originada. Surge então o desamparo e a decepção, que estão sempre por trás da caracteropatia.

Nesse sentido, percebo que, quando é possível, a técnica psicodramática é um recurso muito valioso, na medida em que permite uma participação ativa do ego na investigação e na resposta aos conflitos.

Em minha experiência, o uso do psicodrama é operativo de forma inversa aos conflitos mais neuróticos. Nestes, é fácil usá-lo no início, pois a angústia como motor da cura facilita a aliança terapêutica. Na caracteropatia, essa aliança é mais instável. O terapeuta, como representante da realidade, é visto como ameaçador (reação terapêutica negativa?) e como conseqüência há resistência a uma técnica mais ativa. Passado o tempo suficiente para que a "outra e estranha parte de si" seja menos estranha e mais parte de si, são facilitadas a pesquisa e a rematrização com psicodrama.

Essa proposta surge como conseqüência da pesquisa aprofundada de diversos autores que se têm dedicado direta e indiretamente ao tema do narcisismo. De forma direta, Maldavsky, Freud e Kohut. Indiretamente, Moreno, pois, até onde eu saiba, não me lembro de que ele use a palavra "narcisismo", ao menos em seu aspecto estritamente patológico. Certamente, com sua intuição clínica, ao ocupar-se da construção da subjetividade na matriz de identidade, fala do dublê e do espelho, termos diretamente ligados ao narcisismo. Coloca, então, a mais gráfica descrição do narcisismo: "desempenhar o papel do outro não é algo que se apresente subitamente e em forma acabada à criança, mas que passa por várias etapas de desenvolvimento que se superpõem e pouco a pouco operam conjuntamente".

A primeira etapa consiste em que a outra pessoa é uma parte da criança. Formalmente, isso é a identidade total e espontânea (o dublê). A segunda etapa consiste em que a criança concentra sua atenção na "outra e estranha parte dela" (o espelho). Na terceira etapa, separa-se da outra parte da continuidade da experiência e deixa fora todas as demais partes, incluindo a si mesmo (a fascinação narcisista).

Lembremos que Kohut fala de transferência especular, para referir-se aos primeiros vínculos do *self*, e Freud se refere ao dublê como defesa da onipotência narcisista.

Finalmente, desejo lembrar que, ao trabalhar em psicoterapia individual durante um processo de anos, corre-se o risco de gerar "casais" parecidos com a dupla Aldo e Mara.

Isso é a "caracteropatização" do vínculo terapêutico. É necessário estar alerta, mas tenho notado, como supervisor, que não é freqüente que apareçam na supervisão, já que não geram ansiedade ou conflitos. Geralmente produzem certo tédio e condutas insatisfatórias e reiterativas no paciente, que mostram que não há condições para propor-lhes a finalização. Isso foi o que ocorreu com Freud no caso do "homem dos lobos", como uma tentativa de que superasse sua "abulia complacente".

O recurso de Aldo, no caso relatado, foi separar-se e buscar uma amante, alternativa menos tóxica que uma patologia somática ou uma adição como possível derivação, pois Mara foi capaz de se propor mudanças pessoais que muito provavelmente lhes possibilitem voltar a ficar juntos.

Com relação ao trabalho terapêutico, necessitamos de recursos mais eficazes. Percebo que o psicodrama e as técnicas dramáticas operam como uma terceira pessoa que mobiliza aspectos depositados no enquadramento – como mostra Bleger – para se reativar a criatividade no vínculo.

Outra alternativa, quando possível, é a indicação de um grupo terapêutico, que é um espaço ótimo para trabalhar aspectos caracteropáticos num âmbito protegido.

Referências bibliográficas

Bleger, J. *Simbiosis y Ambigüedad*. Buenos Aires, Ed. Paidós, 1972.

Calvente, C. *Psicodrama. Narcisismo. Creatividad*. Anais do X Congresso Brasileiro de Psicodrama, Febrap, Goiás, 1996.

David, H. P., von Bracken, H. et al. *Teorías de la personalidad*, 2ª ed. Buenos Aires, Eudeba, 1968.

Freud, S. *Introducción al Narcisismo*. Buenos Aires, Amorrortu Editores. Tomo XIV.

Freud, S. *El Yo y el Ello*. Buenos Aires, Amorrortu Editores. Tomo XIX.

Kohut, H. Formas y Transformaciones del Narcisismo. *Revista A. P. A.*, 1996.

Maldavsky, D. *Estructuras Narcisistas*. Buenos Aires, Amorrortu Editores, 1986.

Moreno, J. L. *El Psicodrama*, 2ª ed. Buenos Aires, Home, 1972.

Nicolini, E. A. e Shust, J. P. *El carácter y sus Perturbaciones*. Buenos Aires, Ed. Paidós, 1992.

13

O Balcão dos Heróis –
Reflexões sobre o lugar do Pai[1]

A Pancho, meu pai

Participei há alguns anos de uma vivência coordenada por Marcia Karp, em que ela propôs, como aquecimento, inverter a seqüência psicodramática e começar pelo compartilhamento. Assim, começamos a dizer, antes de tudo, como tínhamos nos sentido durante aqueles três dias.

Lembrei desse aquecimento que ajudou a vencer a ansiedade inicial, porque cada vez que me proponho a escrever invade-me uma mescla de sensações, sentimentos, cenas as mais variadas. Desde vivências de exaltação por estar na iminência de uma comunicação transcendental para o progresso da ciência, até sentimentos desqualificadores, como se aquilo que vou dizer não tivesse o mínimo valor e fosse uma absoluta obviedade.

Para exorcizar esses sentimentos e vencer a ansiedade, vou inverter a seqüência e começar a escrever aquilo a que queria chegar. Assim, nessa inversão, quero compartilhar que, agora que sou avô recente, começo a sentir-me pai. Penso em outra inversão: quando Moreno escreveu *As pa-*

---

1. Publicado na *Revista Brasileira de Psicodrama*, vol. 7, número 1, ano 1990.

lavras do pai e *O testamento do pai*, ele ainda não era pai nem da socionomia, nem do psicodrama, nem de sua filha, nem de seu filho. Vemos que na realidade começa a ser seu próprio pai, já que o que lhe havia tocado não era suficiente. Um pai quase ausente, que ele reinventa.

Assim começo a entrar no tema: o lugar do pai. Pai real, depois imaginário e finalmente simbólico. Com isso, vamos ver o que aconteceu com o texto de Moreno, *As palavras do pai*, que sempre me produziu uma comoção particular, mesmo antes de ler, pois o título em si é comovedor. Senti como uma grande promessa, talvez nostalgia. Talvez por isso, durante bastante tempo provocou em mim decepção e rejeição. Prometia-me um Pai (com maiúscula) e me dava um discurso delirante. Depois cheguei a desfrutar e a entender a força dessas palavras, ditas do lugar de um filho genial e ansioso. Há um pai idealizado antes de conseguir um Ideal Pai. Posso deixar a inversão da qual falei e contar outra.

A relação com o pai

Numa sessão de psicoterapia, como paciente, eu estava muito comovido, contando uma cena infantil onde aparecia meu pai e um amigo de infância dele que havia muito tempo eu não via. Eu relatava a admiração e a inibição que esse senhor despertava em mim, pois tinha ido embora de nossa cidade e voltou como alguém muito importante, com um carro grande e boa situação econômica. Lembro que o que mais me impressionou era que ele parecia ter conseguido o que se havia proposto: triunfar na vida. Eu o via grande e, a mim, muito pequeno.

Recordo que meu psicoterapeuta nesse momento disse algo que me desconcertou. Perguntou-me como imaginava que eu seria visto por um menino de sete anos – a idade que eu tinha naquela cena – vendo-me voltar, então, já médico estabelecido. Não pude menos que pensar que eu me havia convertido nesse personagem.

Voltei a contar essa cena em outras ocasiões e não conseguia entender o que faltava. Há não muito tempo, tenho começado a dar-me conta de que meu pai também estava nessa cena. Imagino que com ele talvez se passasse algo parecido com o que eu sentia diante desse senhor e também com esse senhor – seu amigo – a quem talvez visse como alguém que tinha se saído na vida melhor que ele.

Quando me proponho avançar em algo que me parece valioso, sinto que me invadem essas sensações de que falei no começo. Talvez como um eco do desejo de não envergonhar meu pai, como imaginei que fazia aquele personagem, pois cheguei a me dar conta de que meu pai também era um homem.

A relação com meu pai não foi fácil, apesar ou por causa da admiração que eu sentia por ele.

Quando me tornei homem, sobreviveu a admiração e descobri que essa admiração já era algo meu e tinha de transportá-la para outro lugar. Assim vou tentando afastar-me desse pai idealizado e o Ideal do Pai se converteu numa metáfora: o lugar do Pai.

O lugar do pai

Na prática clínica, especialmente quando trabalho com pessoas com transtornos de personalidade e de comportamento graves, percebo que esse lugar, o lugar do Pai, é sentido como vazio ou muito frágil. Em especial, superada a sintomatologia mais florida ou ruidosa, ou, para ser mais exato, quando alguém se familiarizou com ela, essa ausência aparece como desalento, falta de apoio, dificuldade ou medo de apostar em metas críveis, metas que possam se sustentar em ideais válidos. Que faça sentido aceitar normas que transcendam o individual, normas que não sejam só as próprias e que apareceram em momentos de decepção e carência. Algo como a *idée fixe* de Moreno, "que se converta na fonte perene da produtividade e que possa colocar-se no balcão dos heróis". O balcão dos heróis é aquele nível de palco que remete ao supra-individual, ao homem cósmico, na terminologia moreniana.

Relatos clínicos

Lembro-me de Ernesto como uma das pessoas mais inteligentes e hábeis, em sua atividade, que já conheci, como também mais internamente solitário. Simplesmente não conseguia confiar em nada. Era um *self-made man*, que se tinha feito por si só. Sentia-se seu próprio pai. Isso constituía sua força e sua debilidade. Tinha conseguido fazer uma fortuna que, em suas palavras, o resto de sua vida não seria suficiente para gastar e tinha menos de cinqüenta anos.

Definia-se como um "piloto de tempestades", dava o melhor de si quando tinha problemas, mas o desamparo com que vivia essas dificuldades não tinha relação com o que a experiência mostrava como sua capacidade. Vivia cada uma delas como insuperável e definitiva. Simultaneamente, não podia prescindir desse perseguidor que era seu estímulo. Sempre fazia referência ao conto do psiquiatra que tinha um paciente que dizia ter um crocodilo debaixo da cama. O psiquiatra achava que era uma alucinação, até que lhe disseram que seu paciente tinha sido comido por um crocodilo.

Isso que ele usava para ironizar o que eu lhe mostrava era, na realidade, seu drama. Temia não poder reconhecer o crocodilo e, por isso, para si mesmo, ele sempre estava lá. Mas, claro, ninguém pode viver como se houvesse um crocodilo querendo devorá-lo, pelo menos ninguém que queira desfrutar do que conseguiu. E essa era sua demanda: poder relaxar e ser feliz.

Tinha sido muito útil para ele, no mundo dos negócios em que se movia, imaginar um mundo ameaçador e devorador, mas quando me procurou, com pouco mais de quarenta anos, já não lhe servia, pois havia chegado aonde supostamente queria.

Pelo que pudemos reconstruir de sua novela familiar, todas as carências e dificuldades que havia na família eram conseqüência da falta de dinheiro. As prolongadas ausências do pai pareciam dever-se unicamente ao fato de que necessitava ganhar dinheiro para manter a família. A insatisfação da mãe, com quem Ernesto passava a maior parte do tempo, era atribuída ao fato de o pai não ganhar o suficiente. Quando Ernesto tinha alguma dificuldade em suas tarefas escolares e recorria à sua mãe, a resposta era: "você já vai entender, você é muito inteligente, é muito capaz", e continuava a cuidar de suas mãos, das quais se orgulhava.

Quando o pai voltava, estava muito concentrado em suas coisas para poder brincar. Ernesto lembra que quando ele prometia trazer algo, sempre esquecia. A conclusão parecia ser que ele era inteligente e capaz o bastante para se arranjar sozinho e que com muito dinheiro seria muito feliz.

Ao usar a expressão "novela familiar" – termo cunhado por Freud para se referir às fantasias das origens – tenho comigo o sentido que Moreno usa quando fala da verdade psicodramática, isto é, a verdade subjetiva que se desvela no palco e na relação terapêutica, na qual cada um processa e entende o que lhe acontece.

Ernesto era muito reticente em reviver e relatar episódios infantis, pelo medo de despertar compaixão.

Perto de seus treze anos de idade, a família se muda para uma cidade muito maior, e isso aumenta o isolamento de Ernesto, que completa o secundário como um estranho vindo do interior. O pai, que tinha certa autonomia em sua atividade anterior, abre um pequeno negócio com o qual mal sobrevive e passa a aumentar sua dependência da esposa.

Desde os dezesseis anos, Ernesto ajudou a manter a família. Quando me procurou, fazia pouco mais de um ano que seu pai tinha morrido de um ataque cardíaco e antes disso já dependia totalmente de Ernesto. A imagem que ele conserva é de alguém frágil, quase um apêndice da esposa, que não conseguia entender nem apoiar a ambição de seu filho e por quem Ernesto sentia uma mescla de ternura e pena. Nas sessões, perguntava com freqüência se o que queria ou o que sentia também acontecia com outras pessoas, se suas aspirações não eram uma loucura sua.

Ernesto imaginava sua vida como um filme, em que ele representava diversos personagens. Dizia que quando conseguia entrar no personagem adequado se sentia dominando a situação e sua tristeza. Entrava mais facilmente nos personagens relacionados com sua atividade profissional. Tinha dificuldade com os personagens familiares e afetivos e o mais difícil era o de filho. Não conseguia lembrar ou reconhecer de quem havia aprendido algo. Queria poder dominar a disposição de entrar nesses personagens, por exemplo, aquele que desfruta. Era muito difícil para ele, uma pessoa de ação, aceitar processos internos que não controlava, admitir que os personagens eram conseqüência de um aquecimento que leva em conta a emoção e não a causa desses estados.

O mais comovedor era a dificuldade para estabelecer metas que não fossem ganhar dinheiro. Isso já não significava muito para ele. Colocar no balcão heróis ou ideais diferentes.

Outro tipo de conflito na relação com o pai era o que vivia Isabel, de trinta anos. Procurou-me num momento de profunda depressão, desencadeada pela iminência da perda de uma relação homossexual muito complicada. O sintoma mais premente eram idéias compulsivas de suicídio, que a angustiavam muito, mas que simultaneamente funcionavam como um apoio.

Perante os compromissos que tinha de cumprir, dizia para si mesma: "se não der certo, me mato". Quase com gosto, relatava os cuidados detalhes de sua auto-eliminação. Pedia que fosse internada, mas tinha me contado que uma de suas avós, com quem tinha uma relação muito boa, tinha morrido internada numa clínica psiquiátrica, depois de uma rápida demência senil.

Propus um esquema de atenção diária durante um tempo, alguns dias só meia hora, para oferecer um apoio que competisse com as idéias suicidas. Estas tinham começado quando era muito pequena, como fantasias de morte para que seus pais não brigassem mais. Imaginava que se ela morresse, terminariam os problemas entre eles.

Eu era o primeiro terapeuta homem com quem se tratava. O pai tinha saído de casa pela primeira vez quando ela tinha cerca de seis anos. Os avós paternos, que se encarregaram dela, exigiram de seu filho o pátrio poder, o que lhes foi concedido. O pai viajou para o exterior e durante vários anos Isabel foi o apoio de sua mãe, tendo inclusive passado a dormir na cama com ela. Os pais voltaram a viver juntos quando ela tinha pouco mais de nove anos. Esse período foi de muita violência do pai contra ela. Finalmente, ele saiu de casa quando Isabel tinha treze anos e praticamente já vivia com os avós.

Uma das conseqüências dessas ocorrências foi a obesidade, a partir da adolescência. Segundo dizia, para ocultar a mulher. Outra conseqüência foi a escolha homossexual, que era muito conflituosa, devido a seus fortes sentimentos maternais. O balcão dos heróis estava ocupado por ideais contraditórios. Não era fácil para ela confiar nos homens. Quando começou a colocar em ordem a relação com seu pai, depois de muito esforço, foi aparecendo uma criatividade literária e artística muito rica, e quase terminou "adotando" o pai, a quem começou a ver como um "louco lindo". Faltava ainda acertar contas com a mãe, mas isso é outra história.

Para terminar, e não me estender nos relatos, lembro de Ismael, que veio me consultar pouco depois de me conhecer numa reunião social, onde eu estava com minha família. Já avançado no tratamento, confessou que fora atraído pela imagem de pai que viu em mim naquela ocasião.

Tinha trinta e poucos anos, muitos deles passados na dependência de drogas. Conseguiu deixá-las apoiado por um líder carismático de forte conteúdo religioso.

A morte súbita dele o deixou tão desamparado quanto quando seu pai ficou desempregado por causa do alcoolismo e quando perderam a casa num incêndio, que os levou a emigrar do país.

Numa ocasião em que foi necessário interná-lo por recaída na drogadição, ele me pediu que lhe levasse livros, e entre outros levei um que lhe foi de grande utilidade, o livro de Vitor Frankl, *El hombre en busca de sentido*.

Começou a dar-se conta de que necessitava de algo que lhe fosse próprio e relativamente desvinculado de figuras impactantes. Um dos motivos de sua recaída tinha sido o nascimento de seu primeiro filho e a angústia que lhe provocava imaginar-se no lugar de pai.

Aquele livro conta, em especial, parte da experiência de Frankl num campo de concentração nazista e como sobreviveu apostando que a vida tinha sentido e que cada um precisava dar-lhe conteúdo.

Ismael não consegue organizar o balcão dos heróis, mas reconhece que ser pai começa a lhe dar prazer.

Comentário

Como é notório nesses relatos, o foco está no vínculo com o pai. Procuro com essas histórias esquemáticas transmitir a origem de minha reflexão. Tradicionalmente, no estudo da psicologia evolutiva e da psicopatologia, pelo menos a que estudei, o foco estava colocado no vínculo com a mãe. Talvez não seja alheio a isso o fato de que a origem materna é entranhável, vivencial, certa. A origem paterna é incerta, é uma aquisição, algo que deve ser aceito e conquistado, daí a proposta de *El Nombre del Padre*, que na realidade é o sobrenome, porque vem do francês, em que *nom* é o sobrenome ou *apellido*, em espanhol. É então uma aquisição cultural e essa é a função paterna, a introdução na cultura. Assim aparece na explicação que Bustos dá a respeito dos *clusters* 1 e 2. Como conseqüência, as patologias desse vínculo se relacionam às transgressões questionadoras das normas e da lei.

Convém esclarecer que não estão necessariamente ligadas ao sexo dos progenitores. Falamos de funções, mas em termos genéricos se referem ao pai e à mãe com suas identidades sexuais.

Noto que há pouco tempo se começou a levar em conta, nas teorias do desenvolvimento, a função paterna. Na psicanálise, a tentativa mais bem-sucedida eu a encontro, num primeiro momento, em Lacan. Ele propõe o pai real, que se refere ao biológico; o pai imaginário, ser onipotente idealizado ou terrífico de quem se esperam bens materiais ou permissões e absolvições. Finalmente, o pai simbólico: função paterna que articula o natural e o cultural. "A verdadeira função do pai [...] é fundamentalmente unir (e não opor) um desejo e uma lei." É em especial em relação a esse terceiro nível que sugiro a analogia com o balcão dos heróis. Podemos também pensá-lo como o superego ideal do ego ou como as metas das quais fala Kohut. Aquele lugar que é depositário de valores e ideais de cada um, que apontam para o supra-individual, para o respeito e a consideração pelos outros. Diz Moreno, referindo-se aos valores: "o psicodrama é um axiodrama".

O balcão dos heróis

"As formas e níveis circulares do palco são níveis de aspiração, apontam para a dimensão vertical, estimulam o alívio de tensões e permitem a mobilidade e flexibilidade da ação. Na parte mais elevada do tablado está o nível do balcão, do qual o megalomaníaco, o messias, o herói se comunica com o grupo." Comunica-se com o grupo e com o mundo, acrescento, o lugar onde a pessoa encontra e grita sua verdade.

Quando falamos e ensinamos os elementos do psicodrama, mencionamos cinco elementos: o protagonista, o diretor, o palco, o ego-auxiliar e a platéia. Quero colocar o balcão como sexto elemento. Sei que está incluído no palco, mas penso que poderíamos diferenciá-lo e dar-lhe um lugar destacado, que não signifique unicamente alívio de tensão, mas também um lugar a que se chega depois de uma profunda catarse de integração, para completá-la.

Tal como entendo a proposta terapêutica de Moreno, esse quarto nível também se refere ao lugar de uma verdade, um valor. Pessoalmente, o tenho vivido assim.

Em outro parágrafo diz Moreno: "Fomos longe demais com esse pensamento relativista, que nos conduziu à anomia e ao niilismo. Existem universais existenciais (mesmo quando poderiam não ser mais que nobres suposições de inacessível comprovação) sem os quais a vida transcorre vazia e sem incentivos que nos ponham à prova". Mais adiante, termina: "Existem imperativos existenciais e universais que estimulam as aspirações humanas". Eu completaria: que estimulam e guiam.

Esse quarto nível refere-se ao lugar dos imperativos existenciais, das utopias cuja matriz está na função paterna, que nos permite conseguir um pai simbólico que, na clínica, com tanta freqüência vejo vazio ou confuso.

Penso que perseguir uma utopia, que por definição é um lugar inexistente, levou Moreno a escrever *O testamento do pai* e o ajudou a converter um megalomaníaco delirante em um gênio. Quando escrevia *As palavras do pai*, não sabia que estava instalando um balcão em sua vida para preencher o vazio de um pai que nem sequer sabia onde estava. Seu gênio conseguiu instalá-lo como criação num lugar especial do palco.

Referências bibliográficas

Bustos, D. *Actualizaciones en Psicodrama*. Buenos Aires, Ed. Momento, 1997.

Calvente, C. *Psicodrama – Narcisismo – Criatividade*. Apresentado no 10º Congresso Brasileiro de Psicodrama, 1996.

Calvente, C. *Psicodrama y Trastornos del caracter*. *Psychotherapie Psychodramatisch* (Jensen, K., org.). Alemanha, Aachen: Shaker, 2001.

Castello de Almeida, W. "O sobrenome Moreno". *Revista Brasileira de Psicodrama*, vol. 5, fasc. 1, 1997.

Evans, D. *Diccionario Introductorio de Psicoanálisis Lacaniano*. Buenos Aires, Ed. Paidós, 1997.

Moreno, J. L. *El Teatro de la Espontaneidad*. Buenos Aires, Ed. Vancu, 1997, pp. 25-7.

_____. *Bases de la Psicoterapia*. Buenos Aires, Ed. Horme, 1967, pp. 310-58.

_____. *Las palabras del padre*. Buenos Aires, Ed. Vancu, 1976.

Carlos Fidel Calvente nasceu em Mendoza, Argentina. Formou-se em medicina pela Universidade Nacional de La Plata. Fez especialização em psiquiatria e psicologia médica na mesma universidade.

É diretor e professor-supervisor de psicodrama pelo Instituto J. L. Moreno de Buenos Aires e professor na Sociedade Argentina de Psicodrama.

Calvente freqüenta com regularidade o Brasil, onde é muito querido e respeitado. Coordena grupos de estudos e de supervisão nas cidades de São Paulo, Santos, La Plata e Buenos Aires.

Participou como co-autor de várias publicações e este é seu primeiro "voô solo".

LEIA TAMBÉM

ÉDIPO
Psicodrama do destino
Altivir João Volpe

O autor se volta para a análise da Grécia arcaica, da tragédia e das artimanhas dos deuses do Olimpo e mostra que, em pleno século XX, nossas civilizações permanecem ligadas. Relacionando o inconsciente à idéia de destino, Volpe nos propõe uma leitura original da tragédia grega. REF. 20371.

ESBOÇO PARA UMA TEORIA DA CENA
Propostas de ação para diferentes dinâmicas
Geraldo Massaro

Segundo as palavras do próprio autor, este livro é uma espécie de aquecimento para a sistematização da até agora inexistente teoria da cena. Com ele, Massaro lança um foco de luz sobre um material rico e esquecido, a própria essência da proposta de ação moreniana. REF. 20528.

FORMAS DO ENCONTRO
Psicoterapia aberta
Wilson Castello de Almeida

Este livro atende a um duplo objetivo: trazer ao conhecimento dos interessados as propostas fundadoras da psicoterapia psicodramática e das psicoterapias que se utilizam do mesmo método como caminho de coerência e unidade. REF. 20335.

FRAGMENTOS DE UM OLHAR PSICODRAMÁTICO
Sergio Perazzo

Sergio Perazzo nos brinda com uma obra que é puro deleite. Estético e intelectual. Reunindo artigos escritos ao longo de alguns anos, e sobre temas diversos, seus fragmentos provocam espanto, risos, polêmicas, emoções e reflexões para muitas noites de insônia. O autor vem se firmando como um dos pensadores mais originais do psicodrama brasileiro. REF. 20656.

INTEGRAÇÕES
Psicoterapia psicodramática individual e bipessoal
Teodoro Herranz

Escrito de modo descritivo e vivencial, dispensa o conhecimento prévio do psicodrama. Só é preciso curiosidade para aprender a usar a ação e a relação humana como ferramentas contra o narcisismo, a violência e a depressão. Este livro é recomendado a terapeutas e especialmente aos psicodramatistas que buscam transpor seus conhecimentos para atendimento individual. REF. 20715.

MITODRAMA
O universo mítico e seu poder de cura
Corintha Maciel

A Primeira Parte desta obra traz uma bela síntese de mitos e suas interpretações. A Segunda Parte mostra a aplicação desses conhecimentos no trabalho terapêutico da autora, narrando casos, analisando sonhos e desenhos de pacientes. Recomendado para os terapeutas em geral e para todas as pessoas interessadas em mitologia. REF. 20720.

NOVAS CENAS PARA O PSICODRAMA
O teste da mirada e outros temas
Dalmiro M. Bustos

Nesta coletânea de artigos, Bustos estendeu sua investigação e comentários para além das questões filosóficas, técnicas e teóricas do psicodrama que, no entanto, também estão presentes. Aqui, o seu olhar abrangente acrescenta temas sociais candentes como a liberdade e a violência. Um livro imperdível para os admiradores deste argentino que já conquistou o coração e o respeito dos psicodramatistas brasileiros. REF. 20657.

A POÉTICA DO DESMASCARAMENTO
Os caminhos da cura
Mario Buchbinder

Este livro traz a ampla experiência do psicanalista e psicodramatista argentino. Com um trabalho original, em linguagem poética, mas ao mesmo tempo rigoroso do ponto de vista acadêmico, o autor orienta o profissional que busca integrar o uso da técnica de máscaras em sua atividade. Indicado para trabalhos terapêuticos inovadores em áreas como psicodrama, terapias de grupo, trabalho corporal, teatro e criatividade. REF. 20514.

O PSICODRAMA EM FOCO
e seus aspectos terapêuticos
Peter Felix Kellermann

Uma abordagem curiosa, esclarecedora e sistemática do psicodrama feita por um discípulo de Zerka Moreno, do Instituto Moreno de Nova York. Kellermann é um dos maiores pensadores do psicodrama da atualidade. No prefácio do livro, Jonathan, filho de Moreno, atribui a este trabalho a prova de que, ao contrário do que se pensa, há um aparato teórico, rico e original na base do psicodrama. Recomendado a todos os que apreciam a atualização inteligente desta prática. REF. 20522.

impresso na
**press grafic
editora e gráfica ltda.**
Rua Barra do Tibagi, 444
Bom Retiro – CEP 01128-000
Tels.: (011) 221-8317 – (011) 221-0140
Fax: (011) 223-9767